그리스·로마 신화 11
오디세우스

메네라오스 스테파니데스 글 · 야니스 스테파니데스 그림
25년 동안의 신화 연구 끝에 완성한 이 작품은 1989년 세계에서 가장 오래되고 권위 있는 어린이 문학상 피에르 파올로 베르제리오상을 수상했습니다.

정재승 추천
KAIST에서 물리학을 전공하고 예일대학교 의대 정신과 연구원, 컬럼비아대학교 의대 정신과 조교수를 거쳐 현재 KAIST 바이오및뇌공학과 교수와 융합인재학부장으로 연구하고 있습니다. 의사결정 신경과학을 통해 정신질환을 탐구하고 사람을 닮은 인공지능을 개발합니다. 《과학 콘서트》《물리학자는 영화에서 과학을 본다》《인류탐험보고서》《인간탐구보고서》 등을 기획하거나 썼습니다. 책 읽기를 즐기며, 과학적 상상력과 신화적 상상력을 연결하고 싶어 합니다.

그리스·로마 신화 11
오디세우스

메네라오스 스테파니데스 글 | 야니스 스테파니데스 그림 | 정재승 추천

1판 1쇄 발행 2023년 7월 15일 | 1판 4쇄 발행 2024년 12월 15일
펴낸이 정중모 | 펴낸곳 파랑새 | 등록 1988년 1월 21일(제406-2000-000202호)
주간 서경진 | 편집 정혜연 | 디자인 권순영
마케팅 홍보 김선규, 고다희 | 디지털콘텐츠 구지영
제작 윤준수 | 회계 홍수진
주소 경기도 파주시 회동길 152 | 전화 031-955-0700 | 팩스 031-955-0661
홈페이지 www.yolimwon.com | 전자우편 bbchild@yolimwon.com
ISBN 978-89-6155-068-0 74800, 978-89-6155-964-5(세트)

Greek Mythology
Text copyright © Menelaos Stephanides Illustrations copyright © Yannis Stephanides All rights reserved. Korean translation copyright © 2023 by BluebBird Publishing Co. Korean translation copyright arranged with Sigma Publications F.& D. Stephanides O.E. through Shinwon Agency Co., Seoul.

이 책의 한국어판 저작권은 Shinwon Agency를 통한 독점 계약으로 파랑새에 있습니다.
저작권법에 의해 한국 내에서 보호를 받는 저작물이므로 무단 전재와 무단 복제를 금합니다.

어린이제품안전특별법에 의한 제품 표시
제조자명 파랑새 | 제조년월 2024년 12월 | 제조국 대한민국 | 사용연령 12세 이상

그리스·로마 신화 11

오디세우스

메네라오스 스테파니데스 글
야니스 스테파니데스 그림

파랑새

언제나 응원해 줄 친구들 덕분에
여러분은 인생이라는
오디세우스식 모험을
너끈히 해낼 수 있을 것이다.

| 추천사 |

뇌과학으로 신화 읽기: 우정

 그리스·로마 신화의 독자 여러분, 오디세우스의 모험을 읽을 준비가 되었는가? 이번 권에서 여러분이 오디세우스와 함께 모험을 떠나면서 사랑과 우정, 모험과 시련, 시기와 질투, 경쟁과 협력 등 인생을 살아가면서 겪게 될 중요한 덕목들을 두루 배울 수 있기를 기대한다. 확신하건대, 트로이 목마 이야기와 함께 이번 권이 여러분 책장의 가장 낡은 책이 될 것이다. 인생을 살면서 여러 번 펼쳐 보게 될 테니 말이다.

 오디세우스의 모험은 호모 사피엔스가 지구에 등장해 지난 20만 년 동안 탐험해 온 시간을 한눈에 보여 준다. 적도에서부터 남극과 북극까지, 지구상에서 온 대륙을 누벼 온 유일한 생명체가 바로 호모 사피엔스이다. 다양한 생태 환경에서도 적응해 살아온 인간의 문명은 그 자체로 호모 사피엔스의 위대함을 보여 준다. 마치 오디세우스가 세계를 누비며 숱한 난관과 시련을 너끈히 잘 헤쳐 나간 것처럼.

 과연 어떻게 가능했을까? 오디세우스의 능력도 무척 출중했지만, 위험의 순간 도와주는 조력자가 없었다면 혼자서는 불가능한 모험이었을 것이다. 세 살 무렵 인간의 지적 능력은 침팬지나 오랑우탄, 고릴라에 비해 그리 높지 않다. 숫자를 세는 능력, 단어를 암기하는 능력 같은 지적 능력을 측정해 보면 오히려 인간보다 대형 영장류가 더 뛰어나기도 하다. 그렇다면 우리는 어떻게 그들과는 달리 이토록 훌륭한 문명을 이룰 수 있었을까? 과학자들의 연구에 따르면, 인간의 '사회적 학습 능력'이 탁월했기 때문이라고 한다. 친구가 하는 것을 보고 배우고 서로 가르쳐 주는 '협력하는 능력'이야말로 오늘날 인간 문명의 기원이다.

  11권에서는 '우정'을 열쇳말로 주목하길 바란다. 우리가 학교에 다니면서 배워야 할 가장 중요한 덕목이 있다면, 그것은 우정이다. 나와 함께 공부하고 성장하는 친구들과 서로 돕고 협력하면서 관계를 맺는 법을 배워야 한다. 우정의 소중함을 일깨우는 것이 학교의 역할이어야만 한다. 여러분이 오디세우스처럼 인생의 모험을 떠날 때 어디에선가 나타나 여러분에게 응원의 손길을 뻗어 줄 친구를 만들어 보기를 바란다. 그리고 누군가에게 그런 손길을 내밀어 주기를. 여러분을 믿고 언제나 응원해 줄 친구들 덕분에 인생이라는 오디세우스식 모험을 너끈히 해낼 수 있을 것이다.

정재승 (뇌과학자, 『인간탐구보고서』 『인류탐험보고서』 저자)

|차례|

추천의 글 6

오디세우스는 살아서 돌아올 것이다 15

오디세우스의 모험 87

오디세우스는 어떻게 이타케로 돌아왔는가 213

최후를 맞는 구혼자들 317

오디세우스는 살아서 돌아올 것이다

 뮤즈, 여신이여, 몇 년 동안이나 파도에 시달려 온 재주 많은 오디세우스의 고통을 노래로 진정시킬 수 있도록 도와주세요.

 오디세우스와 동료들은 트로이의 신성한 성벽을 정복한 뒤 고향에 돌아가기를 바랐지만 고통은 계속되었다. 대부분은 태양신 헬리오스의 소를 죽인 벌로 죽고 말았다.

 전쟁과 폭풍우의 바다에서 살아남은 나머지 그리스 사람들은 하나둘씩 집으로 돌아갔다. 그러나 그들보다 가족과 아내를 더 많이 그리워하는 사람들은 아직 돌아가지 못하고 있었다.

오디세우스는 눈부신 님프 칼립소에 의해 동굴에 갇혀 있었다. 칼립소는 오디세우스를 남편으로 맞으려고 그를 붙잡아 두고 있었던 것이다.

몇 해 뒤 오디세우스는 고향으로 돌아갈 수 있었지만 궁전에서는 무서운 싸움이 그를 기다리고 있었다. 다른 신들은 모두 오디세우스를 동정했지만 포세이돈은 그를 지독하게 미워했다. 포세이돈은 오디세우스가 사랑하는 이타케 섬으로 돌아가지 못하게 방해했다.

바다의 신 포세이돈이 자신에게 많은 제물을 바치고 있는 에티오피아에 가 있는 동안 나머지 신들은 올림포스에 모여 오디세우스를 어떻게 할지 의논했다.

신들은 오디세우스를 고향으로 보내고 싶어한다

제우스는 아이기스토스가 왜 오레스테스한테 죽임을 당했는지 생각하고 있었다.

그가 마침내 말문을 열었다.

"인간이 어리석은 이유는 자신의 무모한 행동 때문에

불행해진다는 것을 잊고서 우리 신들만을 탓하기 때문이다. 아이기스토스의 예를 보더라도 알 수 있다. 아가멤논이 전쟁으로 멀리 떠나 있을 때, 그는 아가멤논의 아내와 왕좌를 빼앗았다. 그리고 왕이 돌아오자 그를 죽였다. 우리는 헤르메스를 보내 그렇게 하지 말라고 경고했고, 왕비인 클리타임네스트라를 돌려주라고 했다. 그런데 우리의 전령이 충고를 하고 있을 때 그는 그것을 듣고 있었던가? 그렇지 않았다. 그는 결국 그 대가를 톡톡히 치렀다."

제우스가 말을 마치자 아테나가 말했다.

"아이기스토스는 마땅한 벌을 받은 것입니다. 누구든 그와 같은 불명예스러운 일을 저지른다면 비슷한 고통을 받을 것입니다. 그러나 나를 슬프게 하는 것은 다름 아닌 영리하고 용감한 오디세우스에 대한 일입니다. 그는 사람들과 떨어져서 끝없는 바다 한가운데 떠 있는 섬에 죄수로 갇혀 있으며, 해가 갈수록 점점 기운이 떨어지고 있습니다.

아틀라스의 딸 칼립소는 교묘한 거짓말로 오디세우스가 고향에 대한 기억을 모두 잊기 바라며 10년 가까이 그를 가두어 두고 있습니다. 그 불쌍한 사람이 간절히 바라는 것은 죽기 전에 멀리서나마 이타케 언덕에서 피어 오르는 벽난로의 연기를 보는 것입니다.

신들이여, 당신들은 정말 마음 아프지 않습니까? 당신들은 그가 바쳤던 제물에 만족할 수 없었단 말입니까? 그래서 당신들은 그에게 그렇게 화를 내는 것입니까?"

제우스가 대답했다.

"아테나, 어떻게 그런 말을 할 수 있지? 내가 그렇듯 훌륭한 친구 오디세우스를 잊을 수 있다고 생각하나? 아무도 대적할 수 없는 강한 힘, 지혜 그리고 그가 모든 신에게 바친 풍성한 제물들을 생각한다면 내가 어떻게 그를 잊을 수 있겠나?

그러나 바다는 포세이돈이 다스리고 있다. 포세이돈은 오디세우스가 그의 아들 키클로프스인 폴리페모스의 눈을 멀게 한 뒤부터 지독히 미워하게 되었어. 그래서 그를 집에서 멀리 떨어져 있게 하고, 끝없는 고통에서 헤어 나오지 못하게 하고 있다. 그러나 이제는 오디세우스가 집으로 돌아갈 수 있도록 다른 신들이 도와줘야 할 때가 되었다. 우리의 뜻이 그러하다면 포세이돈도 더 이상 어떻게 하지는 못할 거다."

아테나는 제우스의 말을 듣고 매우 만족스러워했다.

"제우스 신이여, 우리 모두 지금이 오디세우스가 집으로 돌아가야 할 때라고 생각한 이상, 한시라도 빨리 헤르메스를 오기기아 섬으로 보내 칼립소에게 우리의 결정을 전하도록 합시다. 나는 당장 오디세우스의 아들 텔레마코스를 찾으러 가겠습니다. 그리고 그의 기운을 되찾아 주고, 그의 어머니로부터 결혼 승낙을 얻기 위해 모여들어 왕궁의 음식 창고까지 바닥내는 구혼자들에게 어떻게 해야 하는지를 알려 주겠습니다. 그런 다음 그에게 필로스와 스파르타에 가서 아버지가 집으로 돌아오게 되었다는 소식을 들을 수 있게 하겠습니다."

제우스와 다른 신들 모두 아테나의 말에 동의했다. 그리하여 아테나는 당장 무거운 창을 들고 번개처럼 하늘을 가르며 올림포스에서 이타케까지 날아갔다.

이타케에 도착한 아테나는 타포스 왕인 멘테스 모습으로 변한 뒤 왕궁 입구로 향했다. 안마당에서는 구혼자들이 주사위 놀이를 하며 빈둥대고 있었다. 그들의 전령과 하인들은 식사를 준비하느라 몹시 바빴다. 몇몇은 탁자 앞에 모여 고기를 자르고 있었고, 또 다른 몇몇은 진한 포도주에 물을 타서 술잔에 붓고 있었다.

낯선 방문자를 처음 발견한 사람은 바로 텔레마코스였다. 그때 그는 구혼자들의 시끄러운 대화를 들으면서 아버지를 생각하고 있었다. 그러고는 중얼거리듯 혼잣말을 했다.

"아, 아버지가 나타나서 저 구혼자들을 모두 내쫓고, 지배권을 다시 손에 넣을 수만 있다면!"

텔레마코스의 눈은 자연스럽게 낯선 사람에게로 향했다. 그는 방문자를 혼자 놔 두는 것은 예의가 아니라고 생각했기 때문에 가까이 다가가서 악수를 청했다.

"낯선 이여, 환영합니다."

텔레마코스는 낯선 방문자를 환영하며 계속 말했다.

"들어오셔서 편히 앉아 계세요. 그리고 음식이라도 좀 드시면서 당신이 누구이고 여기에 왜 오셨는지 말씀해 주세요."

 그는 멘테스의 모습으로 변한 아테나를 우뚝 솟은 궁전으로 안내했다. 아테나 여신은 궁전으로 들어서면서 근사한 모양의 조각으로 장식된 창꽂이에다 자신의 창을 꽂았

다. 거기에는 오디세우스의 창도 꽂혀 있었다.

텔레마코스는 아테나를, 리넨이 깔린 바닥 위에 발을 올려놓을 수 있도록 발판이 있는 왕좌에 앉게 했다. 그리고 자신은 옆에 있는 다른 의자에 앉았다. 그는 방문객이 구혼자들의 시끄러운 소리에 방해받지 않도록 그들로부터 조금 떨어져 이야기를 듣고 싶었다.

그때 하녀가 물을 가져와서 손을 씻을 수 있게 은그릇에 물을 부었다. 그런 뒤 윤이 나는 식탁을 가져오고 맛있는 요리를 차례로 내왔다. 양옆으로 친절한 전령들이 서서 그들의 접시와 포도주 잔을 채웠다.

구혼자들의 식탁 또한 이것 못지않게 잘 차려졌다. 그들은 게걸스럽게 음식을 먹었고 포도주 잔을 연거푸 비웠다. 그들은 배불리 먹고 마신 뒤 춤과 노래로 관심을 돌렸다.

잠시 뒤 페미오스 앞에 하프가 놓였다. 페미오스는 아름다운 목소리를 가지고 있었지만 노래를 부르고 싶지 않았다. 그러나 구혼자들은 그에게 노래를 청했다. 페미오스가 마지못해 현 사이로 손가락 끝을 움직이며 연주하기 시작하자, 텔레마코스는 다른 사람들에게 그들의 이야기가 들리지 않게 새로운 방문자 쪽으로 바짝 다가가 앉았다.

"친절한 이여, 부디 내가 무슨 말을 하더라도 무례하다고 생각하지 않기를 바랍니다. 보시다시피 여기 있는 모든 이들은 먹고 마시며 즐거운 시간을 보내는 것밖에는 관심이 없습니다. 어디선가 이곳 주인의 뼈가 썩고 있을지 모르는데도 그들은 여전히 주인 것을 먹고 마시고 즐기는 데에만 관심이 있습니다. 그러다가 갑자기 그들 앞에 주인이 나타나기라도 한다면, 그들은 허둥지둥 도망가기에 바쁠 것입니다.

누군가 주인이 반드시 살아 돌아올 거라고 말해 준다 해도 소용없습니다. 그는 이미 죽어서 이 세상을 떠났기에 우리는 그를 다시는 볼 수 없습니다.

낯선 이여, 당신이 누구인지 말해 주십시오. 당신이 어떤 나라의 어떤 집안에서 왔는지, 어떻게 여기까지 오게 되었는지, 그리고 당신이 진심으로 우리에게 원하는 게 무엇인지 말해 주십시오. 당신이 이타케를 방문한 것이

오늘이 처음입니까? 아니면 이곳에 있는 왕족 중에 당신의 오래된 친구라도 있습니까? 우리 아버지는 언제나 훌륭하고 가치 있는 사람을 좋아하셨던 분입니다."

아테나는 마음속으로 이미 대답할 준비가 되어 있었기에 차분하게 대답했다.

"내 이름은 멘테스입니다. 나는 유명한 안키알로스의 아들이며, 항해를 업으로 삼는 타피안들의 나라를 다스립니다. 구리를 얻기 위해 키프로스로 향하던 중 이곳에 들르게 되어 잠시 방문한 것입니다.

당신의 아버지와 나는 오랜 친구입니다. 혹시 당신의 할아버지인 라에르테스를 방문하게 된다면 잊지 말고 나에 대해 물어보십시오. 나는 그가 더 이상 도시 안으로 내려오지 않는다는 사실과 산허리에서 비참하게 살아가고 있다는 것을 잘 알고 있습니다. 그가 포도밭의 가파른 비탈에서 일하다가 무릎을 다쳤는데도 그저 먹고 마실 것을 챙겨 주는 늙은 하녀만이 그를 보살피고 있다고 하더군요. 여하튼 내가 방문한 진짜 이유는, 그의 아들 오디세우스가 돌아올 수 있게 되었다는 말을 누군가가 해 주었기 때문입니다. 당신의 아버지 오디세우스는 살아 있습니다. 하지만 어떤 나쁜 사람에 의해 끝없이 넓은 바다 한가운데 있는 섬에 갇혀 있습니다.

나는 예언자는 아니지만 한 가지는 말씀드릴 수 있습니다. 오디세우스가 비록 쇠사슬에 묶여 있다고 해도 그는 반드시 탈출할 방법을 찾을 것이고 그날이 얼마 남지 않았다는 것입니다. 그처럼 뛰어난 지략과 재주를 가진 사람을 만난다는 것은 결코 흔한 일이 아닙니다. 그런데 정말 궁금한 게 있군요. 당신이 정말 그의 아들이란 말입니까? 당신이 벌써 이렇듯 훌륭하게 자란 젊은이가 되었습니까? 당신의 얼굴은 그와 많이 닮았습니다. 그리고 당신에게는 그의 눈빛과 훌륭한 자태가 그대로 배어 있습니다."

오디세우스의 재산을 축내는 구혼자들

텔레마코스는 한숨지으며 말했다.

"그것은 정말 나에게는 행운입니다. 그러나 세상에서 가장 불행한 아버지를 가졌다는 것은……"

아테나는 다정하게 말했다.

"신은 그렇듯 훌륭한 사람을 세상 사람들이 그냥 잊어버리게 내버려 두지는 않을 겁니다. 참, 물어보고 싶은 게 하나 있습니다. 저 사람들은 모두 누구입니까? 어쩌면 이렇게 뻔뻔스럽단 말입니까? 아무리 훌륭한 인격을 가진 사람도 이런 모습을 보면 몹시 불쾌하게 여길 것입니다."

"당신은 아버지의 친구이시니까 우리에게 닥친 재난을 모두 말해 드리겠습니다. 만약 아버지가 여기 계신다면, 이곳은 정말 행복한 소리로 가득한 집이었을 것입니다. 그러나 신들이 아버지의 재능을 시기하는 바람에 모든 것이 한순간에 사라져 버리고 말았습니다.

아, 만약 아버지가 동료들과 함께 트로이에서 죽었다면 조금은 위안이 되었을 것입니다. 그랬다면 적어도 기념비를 세우고, 그를 위해 기도라도 할 수 있었을 것입니다. 그런데 그가 흔적도 없이 사라졌기 때문에 이렇게 많은 고통을 남겼습니다. 제가 슬퍼하는 이유는 단지 아버지가 사라졌기 때문만이 아니라, 당신이 보듯 이 많은 사람들이 모두 이곳의 재산을 노리며 떼지어 다닌다는 것입니다.

그들은 모두 자킨투스, 케팔로니아, 둘리키온과 이타케 귀족의 아들입니다. 모두들 어머니와 결혼하기 위해 경쟁하고 있는 것입니다. 그들은 우리의 호의를 악용하고 있습니다.

그들은 어머니가 한 사람을 남편으로 고를 때까지 여기를 떠나지 않을 것입니다. 우리의 재산뿐만 아니라 내 생명까지 위협하고 있습니다."

텔레마코스의 이야기를 듣던 아테나는 화를 참을 수 없는 듯 얼굴이 벌겋게 달아올라 날카로운 목소리로 이야기했다.

"텔레마코스, 너는 더 이상 어린아이가 아니라 이젠 어른이다. 만약에 누구도 견줄 수 없는 뛰어난 힘과 재능을 가진 오디세우스가 여기 있다면, 늘 그랬던 것처럼 방패와 투구, 두 개의 창을 가지고 조용히 문 앞에 서 있을 것이다. 그러면 이 녀석들은 오디세우스의 눈빛에서 앞으로 자신에게 닥칠 운명을 보고는 무릎을 꿇게 될 것이다.

그러나 너는 그저 당하고만 있구나. 당장 이 섬의 모든 사람들을 불러 구혼자들 때문에 겪고 있는 고통에 대해 말해라. 그러고는 이 게으름뱅이들에게 가방을 싸서 집으로 돌아가라고 명령해라. 그들이 이 궁전을 떠나지 않으면 불행한 최후를 맞게 될 거라는 증거를 보여 달라고 신에게 호소해라.

지금 너에게 가장 중요한 것이 무엇인지를 안다면, 너는 당장 아버지의 생사를 알아보기 위해 노력해야 할 것이다. 그러니 빨리 노를 잘 젓는 스무 명의 사람들에게 이곳에서 가장 빠른 배를 젓게 하여 필로스의 네스토르 왕을 찾아가라. 그러면 그가 너에게 충고를 해 줄 것이다.

그러고는 다시 스파르타에 있는 메넬라오스에게 가거라. 그는 트로이에서 마지막으로 살아 돌아온 사람이니, 반드시 너에게 어떤 소식이라도 전해 줄 것이다. 만약 아버지가 살아 있다는 소식을 들으면 참고 기다려라. 그는 반드시 돌아올 것이다. 그러나 아버지가 죽었다는 소식을 듣게 되면 무덤을 높이 세우고 장례 제물을 바쳐라. 그 일이 끝나면 반드시 여기 있는 이 게으름뱅이 구혼자들을 없애야 한다.

넌 이제 어른이다. 텔레마코스, 어떻게 해서든 너는 이들을 모두 없앨 방법을 찾아야 한다. 오레스테스가 자신의 아버지를 죽인 아이기스토스를 죽였을 때 그가 얻은 명성을 너도 알 것이다. 너 또한 훌륭한 젊은이다. 네 힘과 용기를 보여 주어라. 그렇다면 후손들은 두고두고 너에 대한 존경심을 갖고 이야기할 것이다.

이제 내가 떠날 시간이 온 것 같다. 밖에서 부하들이 기다리고 있는데 내가 너무 오래 머무른 것 같구나. 내 말을 깊이 생각해라. 그러면 네 뜻을 이룰 수 있는 길을 반드시 찾을 것이다."

텔레마코스가 대답했다.

"낯선 이여, 당신은 마치 제 아버지처럼 말씀하시는군요. 나는 당신의 충고를 잊지 않을 것입니다. 그런데 어찌하여 이렇게 빨리 떠나려고 서두르는 겁니까? 좀 더 머물면서 여행의 피로를 푸신 뒤에 배로 천천히 돌아가십시오. 제가 온 마음으로 가장 사랑하는 친구에게만 주는 아름답고 값진 선물을 받아 가지고 돌아가십시오."

"텔레마코스, 나는 떠나야 한다. 그러니 나를 붙잡으려 애쓰지 마라. 네가 선물을 주고 싶다면, 다음에 내가 올 때까지 잘 보관하고 있어라. 나 또한 그에 대한 보답으로 너에게 줄 훌륭한 선물을 가지고 오겠다."

아테나는 이 말을 남기고 독수리로 변해 하늘로 솟아올랐다. 텔레마코스는 놀라움을 감추지 못하며 하늘을 바라보았다. 그제야 텔레마코스는 자신과 이야기한 사람이 멘테스 왕이 아니라 아테나 여신이었다는 것을 알고는 새로운 힘과 용기가 생겼다. 텔레마코스는 여신이 남기고 간 충고를 그대로 따르기로 마음먹었다.

페미오스는 아직까지 노래를 부르고 있었고, 사람들은 모두 조용히 듣고 있었다. 그의 노래는 트로이에서 고향으로 돌아온 그리스 사람에 대한 내용이었다.

방에서 노래를 듣고 있던 페넬로페가 두 하녀와 함께 계단을 내려왔다. 페넬로페는 눈물로 가득 찬 눈으로 페미오스를 바라보며 말했다.

"페미오스, 당신은 사람들이 좋아할 만한 노래를 많이 알고 있겠지요. 사람들에게 그런 노래를 불러 주세요. 그래서 여기 모인 사람들이 그냥 즐겁게 마시도록 내버려 두세요. 그리고 지금 그 노래는 다시는 부르지 마세요. 그 노래는 내 마음을 너무 아프게 하고, 내 가슴을 참을 수 없는 고통으로 찢어 놓는답니다. 나는 살아 있는 한 남편을 절대 잊을 수 없을 겁니다. 그의 명성은 이 넓은 그리스에 널리 퍼져 있으니까요."

그때 텔레마코스가 어머니를 나무라듯 조리 있게 말했다.

"어머니, 왜 조용히 노래 부르는 사람을 나무라는 겁니까? 그가 무얼 그리 잘못했습니까? 차라리 자신이 원하는 대로 모든 것을 명령하는 제우스 신을 탓하세요. 고향으로 돌아오다 목숨을 잃은 사람이 어디 아버지 혼자뿐인가요? 돌아오지 못한 사람들이 훨씬 더 많습니다. 그러니 어머니는 방에 올라가셔서 하녀들이 그들 일을 잘 하는지나 신경 쓰세요. 나머지는 남자들에게 맡기세요. 지금부터는 제가 이 궁전의 일을 맡아 다스릴 것입니다."

페넬로페는 뜻밖의 상황에 몹시 당황하여 할 말을 잃었다. 지금까지 한 번도 자신 앞에서 텔레마코스가 이렇게 한 적이 없었기 때문이다.

"이미 어른이 되었어!"

페넬로페는 조금 언짢았지만 한편으로는 대견한 생각이 들어 혼잣말을 했다. 그녀는 기꺼이 아들의 명령에 따르기로 했다.

그때 구혼자들의 소란스러운 대화를 뚫고 텔레마코스가 소리쳤다.

"중단하시오! 나는 당신들을 더 이상 이곳에 두지 않을 것입니다. 내일 이곳 사람들을 불러모아 모임을 가질 것입니다. 그리고 그들에게 이 궁전에서 일어나고 있는 일을 모두 말할 것입니다."

구혼자들은 갑자기 텔레마코스가 이렇게 큰소리치는 것에 깜짝 놀라면서도 화를 참기 위해 입술을 깨물었다.

성격이 급한 안티노오스가 일어나 말했다.

"갑자기 어떻게 그렇게 말할 용기가 생겼지? 아마도 신들이 너에게 용기를 주었겠지? 네가 오디세우스의 아들이라 할지라도 제우스는 네가 왕좌에 앉도록 내버려 두지 않을 것이다!"

"안티노오스, 저런 어린아이가 무슨 말을 하든 신경 쓰지 마. 누가 이타케를 다스릴지는 신만이 알 수 있지."

교활하고 야비한 또 다른 구혼자인 에우리마코스가 비웃으며 말했다. 에우리마코스는 텔레마코스를 가리키며 다시 말했다.

"조금 전에 너와 이야기하던 사람은 누구냐? 그 사람이 네 아버지 소식이라도 가져왔단 말이냐? 그 사람도 귀족 같아 보였는데 왜 우리한테 자신을 소개하지도 않고 그냥 떠나 버린 거냐?"

텔레마코스가 대답했다.

"내가 걱정하는 것은 왕좌가 아니라 돌아오지 않고 있는 아버지입니다! 어머니가 불러들인 예언자 중에는 내가 믿을 만한 사람은 한 명도 없었습니다. 나는 더 이상 어린아이가 아니오, 에우리마코스. 그리고 그 낯선 사람은 타포스에서 온 아버지의 오랜 친구입니다. 그리고 그는 유명한 안키알로스의 아들이오."

텔레마코스는 낯선 이가 아테나 여신이었다는 것을 알았지만 이렇게 말했다.

다음 날, 텔레마코스는 전령에게 명령을 내려 이타케

사람들을 하나둘씩 불러들였다. 잠시 뒤 거대한 군중이 모였고, 구혼자들도 모임에 참여했다.

드디어 누구와도 견줄 수 없을 만큼 훌륭하게 자란 오디세우스의 아들이 도착했다. 화려한 겉옷에 허리에는 칼을 차고, 정교하게 만들어진 신발을 신고 있는 텔레마코스는 하늘이 내려 준 것같이 우아했다.

그리고 아버지의 왕좌에 앉기 위해 발걸음을 옮기는 그는 마치 인간이 아닌 신과 같았다.

모임이 시작되자 늙은 전사인 아이깁티우스가 먼저 말을 꺼냈다. 이제 그는 허리가 구부러질 정도의 노인이 되어 있었다.

"텔레마코스 당신은 사리가 밝은 젊은이 같습니다. 신이 당신을 축복하기를! 그리고 제우스가 당신을 항상 보호해 주시기를! 그런데 갑자기 이 모임을 소집한 이유는 무엇입니까? 오디세우스가 트로이로 떠난 뒤 우리는 한 번도 이 장소에 모이지 않았습니다. 아마도 전사들은 지금쯤 고향으로 돌아오는 길이겠지요? 나는 아들을 보고 싶습니다. 그러나 그가 목숨을 잃은 것은 아닌지 두렵습니다."

그는 두 손에 얼굴을 묻었다. 자신의 눈에 눈물이 가득한 것을 보이지 않기 위해서였다. 전령이 모임의 시작을 알리는 발표자의 지휘봉을 텔레마코스에게 주었다.

지휘봉을 받은 텔레마코스가 자리에서 일어나 말했다.

"나는 이 자리에서 우리 전사들의 소식을 전해 주고 싶었습니다. 그러나 나는 아무것도 모릅니다. 내가 여러분들을 오시라고 한 것은 지금 나에게 일어난 큰 문제 두 가지를 여러분께 말하고 싶기 때문입니다.

하나는 평화와 질서를 유지할 수 있도록 우리 모두를 이끌어 주던 사람이 사라졌다는 것입니다. 두 번째는 모든 구혼자들이 이곳에서 폐를 끼치고 있는 것입니다. 어머니는 그들을 보는 것을 몹시 불쾌히 여기면서도 그들을 접대하지 않으면 안 되는 난처한 처지에 있습니다.

그들은 부끄러운 기색도 하나 없이 우리의 곳간을 비우고 짐승을 잡고, 가장 좋은 포도주를 꿀꺽꿀꺽 들이키고 있습니다. 그리고 자신들이 저지르고 있는 잘못을 모르고 있습니다. 그러나 불행하게도 여기에 그들을 몰아낼 오디세우스와 같은 용기를 가진 사람이 아무도 없다는 것입니다. 그래서 나는 어떻게 해서든지 스스로 그들과 싸울 수밖에 없다고 결론 내렸습니다.

구혼자들이여, 내 말을 들으시오. 신을 두려워한다면 어서 떠나시오. 그리하여 신들의 분노가 당신들에게 향하지 않도록 하시오. 내 아버지가 백성들에게 포악한 정치를 했습니까? 그래서 내가 아버지의 죄로 벌을 받고 있는 것입니까? 아닙니다. 여러분 모두가 알다시피, 아버지는 친절했고 사리에 밝은 분이셨습니다."

텔레마코스는 너무도 흥분한 나머지 지휘봉을 떨어뜨리고 말았다. 그의 눈은 억누를 수 없는 분노의 눈물로 가득 찼다.

모든 사람이 그를 동정했지만 구혼자들은 그렇지 않았다. 안티노오스는 뻔뻔스럽게 나서며 말했다.

"젊은이, 말조심하게나. 비난받아야 할 사람은 우리가 아니라 당신 어머니야. 그녀는 세상에서 가장 속임수를 잘 쓰는 사람이야. 그녀는 늙은 라에르테스의 수의를 만들 천을 짜면서 우리를 바보로 만들었어. 그녀는 천 짜는 일이 끝나면 우리 중 하나를 선택하겠다고 말했지.

그러나 거짓말이었어. 낮 동안 짠 천을 밤새 풀었다가

다음 날 다시 짜곤 했지. 그녀야말로 정말 교활한 사람이지. 낮에 짠 천을 램프 불빛 아래서 푸는 것을 우리가 알아내는 데 3년이나 걸렸지.

이제 텔레마코스, 당신이 들을 차례야. 어서 어머니를 라에르테스에게 보내 우리들 중에서 신랑감을 고르도록 하게. 만일 그러지 않고 그녀가 계속 우리를 웃음거리로 만들거나 우리를 희생시켜 명성을 얻으려 한다면 당신의 재산이 모두 없어질 때까지 여기서 떠나지 않을 것이다!"

텔레마코스가 대꾸했다.

"들으시오, 안티노오스. 어머니는 나를 낳아 기르신 분입니다. 아버지가 돌아가셨든 살아 계시든 어머니를 집으로 돌려보낼 수는 없습니다. 당신에게 조금이라도 양심이 남아 있다면, 매일매일 훌륭한 대접에 대한 대가로 오디세우스의 궁전을 떠나 집으로 돌아가야 할 것입니다.

그러나 당신 방식대로 다른 사람의 재산을 축내면서도 양심에 거리낌이 없다면 나는 신들에게 도움을 청할 것입니다. 이 딱하고 불쌍한 사람들이여, 위대한 제우스에게 청해 저승으로 가는 뱃사공 카론을 여기에 보내도록 하여 그동안 당신들이 한 일에 대해 값을 치르도록 할 것이오!"

신의 계시

텔레마코스가 말을 마치기를 기다려 제우스는 독수리 두 마리를 보냈다. 독수리들은 넓은 날개를 펼치고 날아와서는 사람들 머리 위를 빙빙 돌기 시작했다. 이것은 머지않아 재난이 다가올 거라는 뚜렷한 징조였다.

두 마리의 독수리는 날카로운 발톱으로 머리와 목을 찢으면서 서로를 공격했다. 마침내 독수리들이 동쪽 하늘로 날아갔다. 이것은 신들로부터 온 메시지를 전한다는 뜻이었다.

모든 사람이 앞으로 일어날 일에 대해 궁금해하며 두려움에 떨었다.

잠시 뒤 예언자 알리테르세스가 앞으로 나와서 말했다. 그는 하늘로부터 내려온 모든 신호를 풀이할 수 있는 노인이었다.

"여러분, 특히 구혼자들은 들으십시오. 무시무시한 운명이 당신들을 기다리고 있습니다. 오디세우스가 나타날 때가 머지않았습니다. 그가 이타케로 돌아올 날이 가까워졌다는 말입니다. 그가 당신들을 죽음과 파멸로 이끌 것입니다.

그러니 이제라도 쓸데없는 호기는 그만 부리시오. 이것이 내가 이 자리에서 진심으로 말하고 싶은 것이오. 당신들도 잘 알다시피 내 안에서 신의 힘을 느끼지 않는다면 나는 결코 예언하지 않습니다. 신이 오디세우스에게 말했소. '언제라고 정확하게 말할 수는 없지만 너는 20년 안에 고향으로 돌아갈 것이다.' 모든 것이 서서히 이루어져 가고 있소."

에우리마코스는 알리테르세스의 예언을 비웃었다.

"노인장, 다른 곳에나 가서 예언하시오! 그것은 당신 아들한테나 들려줄 말이지, 우리가 들을 이야기는 아니오. 당신은 그들이 안전한지 아닌지나 걱정하면 될 것이오. 나도 당신처럼 예언할 수 있습니다. 하늘은 새들로 가득 차 있고, 새들이 날아다니는 곳은 여기도 아니고 저기도 아니오. 그러나 당신은 우리들에게 오디세우스가 돌아오고 있다는 것을 믿게 하려고 하는군요! 그렇지만 그는 영

원히 갔습니다. 그런데도 당신은 그에 대해 진실이 아닌 거짓말 같은 예언만 했습니다.

텔레마코스를 제외하고는 이곳에서 우리가 두려워할 사람은 아무도 없습니다. 왜냐하면 그가 감히 신에 대해 이야기하면서 우리를 위협하고 있기 때문입니다. 우리가 궁전을 완전히 삼켜 버리려는 것은 아닙니다. 그의 어머니가 계속 결혼을 미루면서 우리를 바보로 만들기 때문에 우리로서도 그렇게 대접하는 것이 옳다고 생각하는 것이오.

아름답고 착한 페넬로페가 우리를 실망시키는 것을 더 이상 내버려 두지 마십시오. 우리 중에 그녀를 원하지 않는 사람은 한 사람도 없습니다."

다시 텔레마코스가 말했다.

"에우리마코스, 그리고 다른 구혼자들 모두 들으시오. 나는 더 이상 참을 수 없고 친절을 베풀 생각도 없습니다. 사실 당신이 무슨 말을 하든 나는 관심 없습니다. 신이 모든 것을 보았고, 사람들도 이제 모든 것을 알았으니 이것으로 충분합니다. 단지 내가 원하는 것은 아버지의 소식을 알기 위해 필로스와 스파르타로 가는 배를 찾는 것입니다.

만약 아버지가 살아 있다는 소식을 듣는다면 나는 언제까지라도 아버지를 기다릴 것입니다. 반대로 아버지가 죽었다는 소식을 듣는다면 그의 이름으로 기념비를 세우고 그에 걸맞는 장례 제물을 바칠 것입니다. 그러고 나서 어머니가 원하신다면 기꺼이 다시 결혼하도록 해 드릴 것입니다."

텔레마코스의 말이 끝나자 오디세우스의 늙은 집사 멘토르가 자리에서 일어났다. 그는 현명하고 믿을 만한 사람이었다.

"이타케 사람들에게 꼭 하고 싶은 말이 있으니 잘 들으시오. 우리는 쇠막대로 우리를 다스리는 냉혹하고 잔인한 왕을 가져 보았어야 했습니다. 그러지 못했기에 오디세우스가 우리에게 얼마나 친절했는지를 잊었습니다. 사실 그는 우리 모두에게 아버지나 마찬가지였어요. 구혼자들이 떠나지 않고 그들이 원하는 대로 하겠다면 그냥 둡시다. 만약 어느 날 갑자기 우리의 주인이 돌아온다면, 그들이

한 만큼 대가를 치르는 것을 보게 될 것입니다. 그렇다면 여러분들은 무엇을 할 것입니까? 여러분 모두 몇몇 거만한 사람들이 이타케를 지배하도록 그냥 두고 볼 수는 없지 않겠습니까?"

그러자 또 다른 구혼자인 리오크리투스가 거칠게 대꾸했다.

"멘토르, 당신은 정말 허풍쟁이로군! 우리는 훌륭한 집안의 귀한 자식들이야. 너희 섬사람들이 감히 우리와 대결하려고 생각한단 말이냐? 오디세우스가 돌아와서 우리가 그의 곳간을 비우고 있는 것을 발견한다고 해도, 또 아무리 우리를 쫓아내고 싶어도 그는 다시 페넬로페를 볼 수 없을 것이다. 오디세우스는 오히려 자기 집에서 비참한 최후를 맞이할 것이다! 그러니 말도 안 되는 이야기는 집어치우게.

당신이 원한다면 알리테르세스를 데려가라. 그리고 텔레마코스의 항해를 위해 배를 준비하도록 하라. 그러나 모르는 곳을 기웃거리며 생명을 위태롭게 만드느니 차라리 이타케에 앉아서 얌전히 기다리는 게 나을 것이다. 내가 말하고 싶은 것은 이게 전부다. 자, 이제 우리는 여기서 나갑시다!"

리오크리투스와 다른 구혼자들은 그 자리를 떠났고 모임은 깨지고 말았다.

텔레마코스는 바닷가로 가서 바닷물에 손을 씻고는 신들을 향해 손을 들어 소리쳤다.

"제우스의 딸이여, 어제 당신은 나에게 와서 희망과 용기를 주셨지요. 당신이 충고한 대로 항해가 성공할 수 있도록 도와주세요!"

순간 아테나는 오디세우스의 충실한 집사 멘토르의 모습으로 그의 옆에 나타나서 말했다.

"텔레마코스, 당신은 반드시 목적을 달성할 수 있어요. 당신은 오디세우스의 진짜 아들이니까요. 아버지만 한 아들은 드물다고 하지만 당신은 당신 아버지의 용기나 재능에 비해 결코 뒤지지 않습니다. 그러니 당신이 원하는 바를 성공적으로 이루어 나가리라 믿습니다. 구혼자들이 한 말에 대해서는 너무 마음 쓰지 마세요. 그들의 오만과 교활함은 하루아침에 파멸될 것입니다. 당신의 항해는 내가 도와 드릴게요.

 가장 빠른 배와 건장한 선원을 구한 다음 내가 안내자가 되어 당신과 함께 가겠소. 당신이 해야 할 일은 궁전으로 돌아가서 가져갈 식량을 준비하는 것이오."

 물론 텔레마코스는 자기에게 이야기한 사람이 아테나 여신이라는 것을 몰랐다. 그는 그저 멘토르의 도움을 받게 된 것만을 기쁘게 생각하며 가벼운 마음으로 집으로 돌아갔다.

 구혼자들은 벌써 안마당에 와서 양과 염소의 껍질을 벗기고 있었다. 그들은 텔레마코스를 보자 놀리고 싶어서 안달했다. 안티노오스는 야비한 웃음을 지으며 텔레마코스에게 다가가 손을 잡았다. 그는 텔레마코스를 조롱했다.

 "텔레마코스, 나의 자랑스런 어린 수평아리야! 여기서 우리와 함께 축제를 즐기지 않겠니? 우리가 너에게 배를 찾아 줄게. 그리고 이 섬에서 가장 훌륭한 선원도 찾아 줄게. 그러니 어디 한번 너의 존경하는 아버지를 찾아봐."

 "안티노오스, 그만두지 못해? 당신은 내가 당신들과 같은 부류와 어울릴 거라고 생각하나? 나도 참을 만큼 참았어. 나는 내 갈 길을 갈 테니 당신은 구경이나 하시오!"

텔레마코스는 이렇게 대꾸하면서 그의 손을 뿌리쳤다. 텔레마코스가 분노에 떠는 것을 보던 다른 구혼자가 동료들을 돌아보며 다시 한번 텔레마코스를 조롱했다.

"텔레마코스를 화나게 하지 마. 그는 정말 좋은 젊은이야. 그렇지만 그가 떠난다니 슬프군. 나는 그가 돌아다니다가 목숨을 잃기라도 할까 봐 걱정되네. 오디세우스처럼 말이야. 그렇게 되면 우리는 텔레마코스의 좋은 물건들을 나누어 갖는 수고를 또 한 번 하게 되겠군. 하지만 이 궁전을 나누어 가지지는 않겠지. 궁전은 그의 어머니와 결혼하는 사람이 갖겠지."

텔레마코스는 구혼자들의 빈정거림 따위는 들은 척도 하지 않았다. 그에게는 그보다 더 중요한 일들이 있었다. 그는 구혼자들의 말을 뒤로 한 채 마음씨 착한 유모 에우리클레이아를 찾으러 갔다. 에우리클레이아는 텔레마코스가 어릴 때부터 그를 자기 아이처럼 키웠고, 그가 어른이 될 때까지 밤낮으로 세심하게 보살펴 주었다.

라에르테스는 에우리클레이아의 아버지에게 소 20마리를 주고 어린 그녀를 데려왔었다. 라에르테스는 그녀를 아내 안티클레이아만큼 사랑하고 소중히 여겼다.

텔레마코스는 유모와 함께 지하실에 있는 식료품 저장실로 갔다. 그는 자신에게 필요한 식량을 골라 모두 따로 떼어 놓았다. 에우리클레이아는 포도주를 열두 항아리나 채워 주었다. 그러고 나서 구석에 차곡차곡 쌓았다.

텔레마코스가 조용히 말했다.

"내일 밤에 이것들을 가지러 오겠어요. 나는 이제 곧 필로스를 거쳐 스파르타를 향해하려고 해요. 더 이상 가만히 앉아서 아버지 소식을 기다릴 수는 없어요."

그의 말을 듣고 있던 에우리클레이아는 온몸을 떨었다. 그녀는 울부짖듯 울음을 터뜨렸다.

"갑자기 왜 그런 생각을 하게 된 거니, 아가? 가지 말아라, 내 아들아. 잘못하면 그곳에서 목숨을 잃을 수도 있어. 구혼자들이 네가 가 버린 것을 알면, 다시는 돌아오지 못하도록 온갖 방법을 생각할 거다. 그래야 네 재산을 모두 나누어 가질 수 있을 테니까. 저 몹쓸 불량배들은 네가 돌아왔을 때 무슨 짓을 할지도 모른다. 그러니 여기 있어라, 텔레마코스. 모르는 곳으로 달아날 필요는 없다."

그러나 텔레마코스는 영웅의 아들이었다. 그는 자신이 해야 할 일이 무엇인지 잘 알고 있었다. 그는 곧 유모를 안심시켰다.

"기운 내요, 유모. 신이 나를 돕지 않았다면 이렇게 무모하게 항해를 떠날 생각은 하지 않았을 거예요. 그리고 유모, 열두 날이 지나가기 전에는 절대로 어머니 귀에 아무 말도 들어가지 않도록 하겠다고 나에게 맹세해요. 내가 떠난 걸 알고 너무 슬프게 운 나머지 어머니의 아름다운 얼굴이 망가지는 것을 원하지 않아요."

에우리클레이아는 이 착한 아들 앞에서 맹세할 수밖에 없었다.

그 사이에 아테나는 텔레마코스의 모습으로 변해 배를 고르러 갔다. 배의 주인인 노이몬은 오디세우스의 옛 친구였다. 아테나는 텔레마코스에게 충성을 바칠 20명의 건장한 선원도 골랐다. 그들은 늑장을 부릴 여유가 없었기 때문에 한시라도 빨리 항해를 위해 배를 준비하기 시작했다.

  그런 다음 아테나는 다시 궁전으로 돌아가서 구혼자들이 보통 때보다 술을 더 많이 마시도록 했다. 얼마 안 있어 그들은 모두 술에 취한 나머지 손에서 포도주 잔을 떨어뜨렸다. 그들은 잠을 자기 위해 도시 안에 있는 자기 집으로 비틀거리며 걸어갔다.

  이 모든 일이 끝나자 아테나는 다시 한 번 멘토르의 모습을 하고 텔레마코스를 찾아가 말했다.

  "항해를 위한 모든 준비를 마쳤습니다. 배는 선원들과 함께 항구에서 기다리고 있습니다. 우리는 곧 떠나야만 합니다. 더 이상 지체할 시간이 없습니다."

  그들은 곧장 바닷가로 갔다. 거기에는 정말 튼튼하고 아름다운 배가 놓여 있었다.

  그 배는 한눈에 보기에도 무척 빨라 보였다. 텔레마코스는 감탄스러운 눈으로 배를 바라보았다.

  잠시 뒤 그는 구릿빛의 젊은 선원들을 향해 소리쳤다.

  "동료들이여, 어서 식량 싣는 것을 도와주시오. 모든 것을 비밀리에 해야만 합니다. 나의 충성스런 유모를 제외하고는 우리가 떠나는 것을 아무도 모릅니다."

물론 아테나는 멘토르의 모습으로 텔레마코스와 함께 배 뒤쪽에 앉아 있었다.

여신이 인도하는 배는 조금도 흔들림 없이 재빨리 파도를 가르며 나아갔다. 날이 밝을 무렵 그들은 벌써 필로스의 바닷가에 닿았다.

그들이 도착했을 때 필로스 바닷가에는 포세이돈에게 바칠 제물이 많이 쌓여 있었고 아주 많은 필로스 사람들이 모여 있었다. 그들은 500명씩 아홉 무리로 나뉘어 각 무리마다 아홉 마리의 소를 신에게 바치고 있었다. 늙은 네스토르 왕도 아들들과 함께 거기에 있었다.

텔레마코스와 멘토르는 육지로 올라가 그들을 만나러 모래 위를 걸어갔다. 어리고 경험이 적은 오디세우스의 아들 텔레마코스는 잔뜩 긴장한 듯했다.

네스토르를 만난 텔레마코스

"내가 어떻게 저 경험 많고 현명한 네스토르를 상대할 수 있을까? 벌써 삼 대에 걸쳐 나라를 다스려 온 왕에게 나처럼 어린 자가 감히 무엇을 물어볼 수 있을까?"

텔레마코스는 혼잣말을 하듯 자신에게 물었다.

그러나 아테나는 그에게 용기를 주기 위해 말했다.

"계속 가세요. 그는 착하고 솔직한 사람이니 당신의 이야기를 끝까지 참을성 있게 들어 줄 거예요. 그가 아는 것을 모두 이야기해 달라고 부탁하세요. 그는 절대로 거짓말하지 않고 착실하게 대답해 줄 겁니다."

멘토르는 이렇게 말하면서 앞장 서서 걸어갔다.

그들이 네스토르 왕과 그의 아들들이 앉아 있는 연단으로 갔을 때, 막내아들인 페이시스트로토스가 일어나서 그들을 맞아 주었다. 그는 환영의 악수를 청하고, 아버지 가까이에 있는 탁자로 그들을 안내했다.

페이시스트로토스는 소의 간 두 덩어리를 잘라서 손님에게 건넨 다음 금으로 된 잔에 포도주를 가득 채워 멘토르에게 주면서 말했다.

"낯선 이여, 포세이돈에게 기도하시오. 우리가 포세이돈에게 제물을 바치고 있을 때 마침 당신들이 왔으니, 먼저 신에게 영광을 돌리고 술을 모두 마신 뒤에 당신 친구에게 잔을 건네시오. 물론 당신 친구 또한 신에게 영광을 돌리도록 하세요. 내 생각에 그가 나보다는 어려 보이는 것 같아 당신에게 먼저 잔을 드리는 것입니다."

아테나는 인간으로 변장한 자신을 향해 젊은 왕자가 존경을 나타내는 것에 매우 기뻐하며 포세이돈에게 기도를 했다. 그리고 네스토르와 그의 아들들, 필로스 사람들 모두에게 건강과 행복을 빌었다.

아테나는 기도가 끝나자 텔레마코스에게 잔을 건넸다. 그리하여 텔레마코스도 마지막 한 방울을 마시며 자신의 소원을 빌 수 있었다.

그동안 제물로 바쳐진 고기들이 쇠꼬챙이에 끼워져 각자의 지위에 맞게 적당한 양이 돌아가도록 나누어졌다.

모든 사람이 배불리 먹고 난 뒤, 네스토르 왕이 자리에서 일어나며 말했다.

"이제 손님들에게 몇 가지 질문을 할 시간이 온 것 같소. 당신들은 누구이며, 넓은 바다를 지나 왜 여기까지 오게 되었소?"

텔레마코스는 아테나가 자신의 가슴에 불어넣어 준 자

신감을 갖고 이 경험 많고 영리한 왕의 질문에 또박또박 대답했다.

"존경하는 네스토르, 저 유명한 넬레우스의 아들이시여. 저는 오디세우스의 아들이며, 높은 트로이의 성벽을 깨뜨린 나의 아버지에 대해 당신의 말씀을 듣고자 이타케에서 여기까지 왔습니다. 당신은 트로이 전쟁에서 제 아버지와 함께 싸웠으니 아마도 알고 계신 게 있을 것입니다.

우리는 돌아오지 않은 사람들이 어디서 어떻게 죽었는지 알고 있습니다. 그런데 오직 오디세우스 한 사람에 대해서는 아무것도 알지 못합니다. 이렇게 무릎을 꿇고 비오니, 부디 당신이 아시는 것을 알려 주시기 바랍니다.

말씀해 주세요. 그가 죽었는지 혹은 어딘가에 살아 있는지, 아니면 고통을 겪으며 불행한 나날을 보내고 있지 않은지? 저를 동정하여 진실을 숨기지 말아 주시기 바랍니다. 만약 당신이 진실을 아신다면, 그것이 아무리 나쁜 것이라도 좋으니 사실대로 이야기해 주십시오."

나이 들어 더욱 고귀해 보이는 네스토르 왕은 크게 한

탄하며 한숨을 내쉬었다.

"아! 당신은 나의 지난 기억들을 되살려 주는구려! 우리가 프리아모스의 도시를 점령하기 위해 겪은 시련과, 다시 고향으로 돌아오기 위해 또 얼마나 많은 시련을 겪었는지. 그 시련을 겪었던 우리 중 많은 사람이 결국은 돌아오지 못했다네.

그때 있었던 일들을 어떻게 모두 당신들에게 말할 수 있겠나? 그 이야기를 다 하려면 며칠이 걸려도 모자랄 것이네. 아마 내가 절반도 이야기하기 전에 당신들은 지쳐서 여기를 떠날 것이네. 그런데 내 앞에 서 있는 사람이 오디세우스의 아들이란 말이오? 젊은이, 당신은 정말 훌륭한 말을 했네. 마치 당신의 아버지처럼 아주 매력적이고 설득력 있게.

우리들은 서로에게 나쁜 말을 한 번도 한 적이 없다네. 우리 모두가 바라는 것은 그리스 사람들의 행복이었으니까. 그러나 맙소사, 제우스는 우리가 고향으로 돌아올 때 타고 오던 배를 산산조각 내 버렸네. 그 이후로 그를 본 적이 없다네.

이렇게 살아 남은 나의 행운을 불평하려는 것은 아니지만, 나 또한 안전하고 건강한 모습으로 필로스에 돌아온 지는 얼마 안 되었다네. 몇몇은 목숨을 잃고, 다른 사람들은 몇 년 동안 파도 위에서 혹은 이곳저곳에서 점점 지쳐 쓰러졌지."

네스토르 왕은 트로이에서 스파르타에 도착할 때까지 여덟 번의 긴 겨울 동안 바다 위를 헤맸던 메넬라오스와 헬레네의 모험에 대해 계속 이야기했다.

그는 또 미케네에 도착하자마자 아이기스토스에 의해 비참하게 죽은 아가멤논에 대해서도 이야기했다. 그의 입에서 많은 이름이 줄줄 나왔지만 오디세우스에 대한 것은 하나도 없었다.

그가 마지막으로 말했다.

"스파르타로 가게. 메넬라오스는 무엇인가 알고 있을 걸세. 그는 트로이에서 마지막으로 돌아온 사람이니까. 배를 타고 가도 되고, 자네가 원한다면 육로로 그곳까지 갈 수 있는 마차와 말을 주겠네. 그것이 더 안전할 걸세. 내 아들 중 한 명이 길을 안내하도록 하겠네."

멘토르로 변한 아테나가 대답했다.

"왕이시여, 저도 같은 생각입니다. 하지만 지금은 잠자리에 들 시간이 되어서 그만 저희 배로 돌아가겠습니다."

네스토르는 펄쩍 뛰며 말했다.

"배에서 잔다고? 나는 안락한 침대와 부드러운 이불을 주지 못할 정도로 가난하지는 않네. 어떻게 사랑하는 친구의 아들을 배에서 밤을 보내게 할 수 있단 말인가?"

아테나는 다시 한 번 말했다.

"당신 말이 맞습니다. 텔레마코스는 당신의 제안을 기꺼이 받아들일 것입니다. 그렇지만 나는 배에서 머물러야 합니다. 먼저 선원들에게 우리 계획을 이야기해 주어야 하며, 제 개인적인 일로 내일 당신의 이웃인 코코니안을 방문해야 합니다. 당신이 말했듯이 텔레마코스를 스파르타로 보내십시오. 그리고 당신 아들 중 한 명이 그를 그곳으로 안내하도록 하십시오."

아테나는 말을 마치자 갑자기 멘토르에서 여신의 모습으로 변하더니, 다시 독수리가 되어 하늘로 날아올랐다.

네스토르는 바로 자기 눈앞에서 일어난 일에 깜짝 놀라

며 텔레마코스의 손을 잡았다.

"내 친구여, 너는 이미 너를 도와주는 신을 가졌으므로 약해지거나 겁을 먹을 필요는 없다. 네 옆에 있던 이는 바로 팔라스 아테나였어!"

다음 날 아침, 해가 떠오르자 네스토르의 아들들은 튼튼한 마차를 준비하고 가장 빠른 말을 마차에 묶었다. 막내아들인 페이시스트로토스가 텔레마코스의 길을 안내하기로 했다. 네스토르 왕이 다가와서 무사히 여행을 마치고 좋은 소식을 갖고 돌아오기를 바란다고 말했다.

이틀 만에 스파르타에 도착한 페이시스트로토스와 텔레마코스는 마차를 몰아 천천히 궁전 문 앞까지 갔다. 그때 그들을 먼저 발견한 메넬라오스의 충성스런 동료 하나가 메넬라오스에게 뛰어가 숨을 헐떡거리며 보고했다.

"고귀한 메넬라오스, 두 명의 낯선 청년이 방금 이곳에 도착했습니다. 젊은이들의 자태가 너무나 우아해서 마치 그들의 몸에 제우스의 피가 흐르는 것 같았습니다. 그들은 지금 궁전 문밖에서 훌륭한 마차를 타고 있습니다. 그들을 여기서 내리도록 할까요, 아니면 다른 곳으로 보낼

까요?"

메넬라오스는 화를 내며 대답했다.

"그런 바보 같은 질문을 하다니! 당신은 우리가 아무것도 없이 다른 나라에서 헤맬 때, 얼굴도 모르는 낯선 이들이 얼마나 자주 우리에게 먹을 것과 잠자리를 주었는지 잊었소? 이제 우리가 은혜를 베풀 수 있게 되었는데, 어떻게 제우스가 우리에게 보낸 사람들을 다른 곳으로 가라고 말할 수 있겠소? 그러니 서둘러서 그 젊은이들을 이곳으로 데려오시오."

메넬라오스의 명령이 떨어지자 모든 일이 재빨리 이루어졌다.

메넬라오스의 궁전에서

페이시스트로토스와 텔레마코스는 넓은 홀로 안내되었다. 그들은 그곳의 화려함에 머리가 어지러울 지경이었다. 그들이 주변에 놓여 있는 번쩍거리는 장식들을 넋을 놓고 보고 있는데, 하인들이 도착해 그들을 대리석 목욕탕으로 인도했다.

하인들은 그들을 잘 씻기고, 몸에 향기로운 냄새가 나는 기름을 발라 주고, 좋은 옷을 입힌 다음 메넬라오스 옆자리로 모셔 갔다. 곧 다른 하녀들이 빵과 여러 가지 맛있는 요리를 가져왔다. 또 잠시 뒤에는 다른 사람이 온갖 종

류의 고기를 가지고 들어왔다. 그동안 집사는 금잔에 포도주를 채웠다.

그제야 메넬라오스가 말했다.

"환영합니다. 앞에 놓인 음식을 드세요. 다 드시고 나면 두 젊은 귀족이 누구인지 묻겠습니다. 내가 보기에 당신들이 귀족 출신이라는 사실은 틀림없는 것 같습니다."

메넬라오스는 이렇게 말하며 두 사람을 위해 특별히 가져온 구운 고기에서 두 토막을 잘라 낯선 이들에게 주었다.

두 사람은 배불리 먹고 마셨다. 텔레마코스는 페이시스트로토스에게 다른 사람들이 듣지 못하도록 낮은 목소리로 속삭이듯 말했다.

"이것들 좀 봐! 보기만 해도 어지럽군. 이렇게 화려하고 호화로운 궁전은 제우스만 소유할 수 있어."

그가 조그맣게 말했는데도 그의 이야기를 들은 메넬라오스가 대답했다.

"그렇지 않아요. 위대한 제우스와 똑같은 부를 가진 사람은 이 세상에 없소. 아마도 내가 사는 모습이 다른 사람과 비교될 수는 있어도 제우스와 비교될 수는 없소. 게다가 내가 값나가고 진귀한 물건들을 많이 가진 것 같지만, 그것을 가지기 위해 겪은 노고는 더 컸다오. 트로이에서 고향으로 오기 위해 항해하는 8년 동안 다른 나라에서 얼마나 많이 방황했는지 모르오.

그런데 다행히 오는 길에 키프로스, 페니키아, 이집트, 에티오피아, 리비아에서 많은 양의 보물을 얻었소. 그러나 그 뒤에 또 다시 또 많은 재산을 잃었소. 당신들의 아버지로부터 내가 어떻게 그것들을 빼앗겼는지 들었을 것이오. 용감한 많은 사람들이 트로이에서 나를 위해 목숨을 버렸소. 나는 그들을 생각하면 눈물이 나오. 그러나 아직도 누구보다 내 마음을 슬프게 하는 한 사람이 있소. 그에 대한 기억은 내 잠을 달아나게 하고 식욕을 빼앗아 갔다오.

그 사람은 다름 아닌 오디세우스인데 그는 나보다 훨씬 많은 시련을 겪었소. 또한 오디세우스 때문에 슬픔에 잠겨 있을 가족을 생각하면 내 마음이 터질 것 같소. 늙은 라에르테스, 그의 아내 페넬로페……. 그녀의 슬픈 예감은 모두 사실로 증명되었소. 그리고 그의 아들 텔레마코스는 오디세우스가 떠날 때 엄마 팔에 안긴 갓 태어난 아기였소. 20년이란 세월이 흘렀는데도 아직 그가 돌아올 아무런 기미도 없다니."

텔레마코스는 메넬라오스한테서 아버지에 대한 이야기를 들었을 때 북받쳐오르는 감정을 자제할 수 없었다. 그는 메넬라오스에게 우는 모습을 보이지 않게 하려고 보라색 옷에 얼굴을 묻었다. 그러나 메넬라오스 왕의 눈을 속일 수는 없었다. 왕은 곧 이 젊은이가 오디세우스의 아들이 아닐까 생각하게 되었다. 그때 아름다운 그의 부인 헬레네가 방에서 내려왔다.

헬레네의 아름다움과 당당한 몸가짐은 마치 아르테미스 여신 같았다. 곧 두 하녀가 양털을 펼쳐 놓은 의자를 앞으로 가져왔다. 다른 하녀는 물레와 함께 은 바구니를 그 앞에 놓았다.

헬레네는 왕좌에 앉자 앞에 놓인 발판 위에 발을 올려놓고 남편에게 물었다.

"저 우아한 젊은이들이 누구이지요, 메넬라오스? 한 사람은 오디세우스를 꼭 닮은 것처럼 보이네요. 혹시 그가 남겨 두고 간 아들이 아닌가요?"

메넬라오스가 대답했다.

"나도 그게 궁금하오. 내가 오디세우스가 겪은 시련에 대해 이야기할 때, 그는 내가 자기 눈을 보지 못하도록 얼굴을 숨겼소."

그때 페이시스트로토스가 두 사람에게 말했다.

"두 분이 짐작하신 게 맞습니다. 이 사람은 텔레마코스가 맞습니다. 그는 아직 어려서 자기 아버지에 대해 무슨 말부터 물어보아야 할지 몹시 두려워하고 있습니다. 저는 필로스의 왕 네스토르의 아들인 페이시스트로토스입니다. 저는 아버지의 명령으로 필로스에서 이 사람을 데리고 왔습니다. 아버지가 오랫동안 집을 떠나 있어 텔레마코스의 삶은 많은 어려움에 처해 있습니다."

메넬라오스 왕은 페이시스트로토스의 이야기를 듣고 깊이 감동했다.

"나의 가장 친한 친구의 아들이 우리 집에 왔단 말이지! 만약에 그의 아버지가 내 앞에 있다면, 이 도시 전체를 송

두리째 그에게 선물했을 거야. 그리고 우리는 서로 자주 만나면서 죽음의 그림자가 우리를 덮을 때까지 떨어지지 않았을 거야. 그러나 어떤 신이 우리에게 이런 일이 일어나는 것을 막고 있는 것 같아. 그가 돌아오는 길을 방해하고 있는 것 같아."

메넬라오스의 눈에 어느덧 눈물이 가득 고였다. 헬레네도 그와 함께 울었다. 페이시스트로토스도 텔레마코스와 돌아오지 못한 다른 사람들과 트로이 전쟁에서 죽은 자신의 형 안틸로코스를 생각하며 울었다.

잠시 뒤 헬레네가 자리에서 일어나 이집트에서 가져온 신비로운 식물에서 정제해 낸 액체 몇 방울을 포도주에 떨어뜨린 다음 모두에게 돌렸다. 비록 그들이 부모나 사랑하는 아이를 잃은 슬픔에 잠겨 있을지라도, 그것을 마시면 하룻동안은 눈물을 흘리지 않을 수 있었다.

곧 약의 효과가 나타났다. 그들의 목소리는 흐느낌으로 더 이상 고통받지 않았다. 그들은 자유롭게 이야기하기 시작했다.

헬레네가 먼저 오디세우스의 위대한 솜씨를 회상하며

이야기를 시작했다.

오디세우스가 아무에게도 들키지 않고 트로이에 들어가 아테나 성상을 훔칠 때 일이다.

사람들이 자신을 알아보지 못하게 거지 옷을 입은 그는 자신의 온몸이 너덜너덜해질 때까지 디오메데스로 하여금 무자비하게 채찍질하도록 명령했다. 그가 누구인지 아는 사람은 헬레네밖에 없었으며, 그녀 또한 아무에게도 그 사실을 말하지 않았다.

오디세우스가 어려운 임무를 완수하자 헬레네는 기뻤다. 이제 그녀는 트로이 편이 아니었다. 그녀는 이미 오래전부터 고향, 딸, 그리고 착한 남편을 떠나온 것을 후회하고 있었다. 그러나 이 모든 일에 비난받아야 하는 것은 신들이며, 누구보다도 아프로디테가 가장 비난받아야 한다고 생각했다. 아프로디테는 자신의 목적을 이루기 위해 헬레네를 사랑에 빠지게 했던 것이다.

헬레네의 이야기가 끝나자 메넬라오스 차례가 되었다. 그는 목마에 대해 이야기했다. 어떻게 그들이 목마 안에 숨어 있게 되었는지, 그리고 적에게 발견될 위험에 놓였을 때 오디세우스가 어떻게 그들을 구했는지 이야기했다.

이야기가 끝난 뒤 메넬라오스는 텔레마코스에게 집을 떠나 이렇게 멀리 오게 된 이유를 물었다.

텔레마코스가 대답했다.

"메넬라오스, 당신과 같이 신의 축복을 받은 사람에게 내 아버지에 대해서 아는 게 있는지 물어보러 왔습니다. 그것이 아무리 가슴 아프고 슬픈 일일지라도 나는 당신으로부터 진실을 듣고 싶습니다. 아버지가 계시지 않는 동안 나의 왕위 계승권은 점점 사라져 가고 있으며, 궁전은 냉혹한 적들로 가득 차고 구혼자들은 내 어머니에게 그들 가운데 하나와 결혼해야 한다고 억지를 부리고 있습니다."

메넬라오스는 이 이야기를 듣고 몹시 화를 냈다.

"그 사기꾼들은 자기들이 죽음을 자청하고 있다는 것도 모른단 말이냐?"

그러고는 다시 고함을 쳤다.

"그들은 분명 비참한 종말을 맞을 것이야. 오디세우스가 돌아오면 화난 짐승처럼 그들을 덮칠 거야. 오디세우스는 살아 있어. 나는 바다의 늙은 예언자 프로테우스에게서 직접 들었어. 그는 한 번도 틀리는 법이 없는 훌륭한 예언자이지. 그럼 지금부터 너에게 하나도 숨김 없이 모든 이야기를 해 주겠다."

메넬라오스의 방황

"나는 트로이를 떠날 때 신들에게 심한 벌을 받았어. 배가 떠나기 전에 제물을 바치는 것을 게을리했으니 당연한 일이었지. 이 일 때문에 신들은 나에게 강한 북풍을 보내 우리 배는 항로에서 멀리 벗어나게 되었어. 8년 동안 나는 먼 땅에서 또 다른 먼 땅으로, 결국 이집트 사람들이 '파로스'라고 부르는 섬에 도착할 때까지 시달림을 당했지. 신들은 항해를 할 수 있는 바람을 주지 않고 우리를 20일 동안이나 그 섬에 가두어 놓았지. 식량은 다 떨어지고, 나의 부하들은 거의 정신이 나갈 지경이었지.

혼자 섬 주변을 살피다가 바다의 님프를 만났어. 그녀의 이름은 '에이도테아'였는데 바로 프로테우스의 딸이었어. 에이도테아는 내가 몹시 절망하는 것을 보고 나를 도울 마음이 생긴 거야. 그녀는 나에게 말했어.

'나의 아버지 프로테우스는 매일 여기에 옵니다. 그는 미래를 볼 수 있어요. 그리고 절대로 틀리는 법이 없어요. 제 아버지라면 당신이 고향으로 돌아가는 것을 도와줄 수 있을 거예요. 그렇지만 당신이 원하는 것을 얻으려면 힘을 써야 해요. 아버지는 쉽게는 아무것도 알려 주지 않으니까요.'

내가 다시 물었지.

'어떻게 하면 되지요?'

그러자 에이도테아가 대답했어.

'내가 당신을 도울게요. 당신은 힘이 센 선원 세 명을 뽑아서 내일 정오에 다시 여기로 오세요. 그러면 내가 당신들을 아버지가 항상 낮잠을 주무시는 곳으로 안내하겠어요. 그는 항상 바다의 여왕인 암피트리테의 바다표범들 사이에 누워서 쉰답니다. 아버지는 그곳에 있는 동물을 다 셀 때까지 눈을 감지 않지만, 당신들이 바다표범 사이에 있다는 것을 알지는 못할 거예요. 제가 당신들을 숨길 수 있는 방법을 알려 줄 테니까요. 그런 다음 그가 깊이 잠들면 당신들 네 명이 한꺼번에 달려들어 그를 단단히 붙들어야 해요.

아버지는 빠져나가려고 몸을 여러 가지 모양으로 바꿀 거예요. 사람에서 짐승으로, 또 짐승에서 몸부림치는 뱀으로, 심지어는 불이나 물로도 바꿀 것입니다. 어떤 것으로 모습을 바꾸든 당신들은 그를 달아나지 못하게 해야 해요. 그가 다시 인간의 모습으로 돌아와 당신이 알고 싶은 게 무엇인지 물어볼 거예요. 그러면 당신은 즉시 그를 풀어 주고 어떤 신이 당신에게 화가 났는지, 당신이 고향으로 돌아갈 수 있는 방법과 알고 싶은 것을 물어보세요.'

그녀는 이렇게 말하고는 물속으로 뛰어들어 물결 속으로 사라졌어. 다음 날 해가 머리 위로 떠올랐을 때, 나는 튼튼하고 믿을 만한 세 명의 동료를 데리고 같은 장소로 갔지. 곧 에이도테아가 다시 나타났는데, 그녀는 바다표범 가죽 네 개를 가지고 왔어. 그녀는 모래에 구덩이를 네 개 파 놓은 곳으로 우리를 인도했고, 우리에게 그곳에 들어가 있으라고 한 다음 그녀가 가지고 온 가죽을 덮어 주었어.

잠시 뒤에 바다표범 무리들이 몰려와서는 우리 옆에 누웠어. 정오가 되자 늙은 프로테우스도 왔어. 프로테우스는 누워서 휴식을 취하기 전에 모든 바다표범의 수를 세기 시작했어. 우리도 바다표범과 함께 있었는데, 그는 우리가 만들어 놓은 함정에 대해서는 조금도 의심하지 않더군.

그가 잠들자 우리는 조용히 일어나 갑자기 그를 덮쳤어. 그는 우리로부터 벗어나기 위해 사자로 변했다가 다시 뱀으로 변했다가 다음에는 표범과 야생 멧돼지로 변했어. 나중에는 흐르는 물과 잎이 무성한 큰 나무로 변했지. 그러나 우리가 있는 힘을 다해 그를 단단히 붙잡자, 결국은 그도 지쳤는지 다시 처음 모습으로 돌아와 묻더군.

'어느 신이 나를 붙잡는 걸 도왔나? 아트레우스의 아들이냐? 아무튼 뭘 알고 싶은지 말하게. 그리고 어서 나를 풀어 주게.'

나는 용감하게 대답했지.

'당신은 이미 다 알면서 누가 우리를 도왔는지 왜 물어보십니까? 나를 이 섬에 붙잡아 놓은 신이 누구인지, 그리

고 어떻게 하면 고향으로 돌아갈 수 있는지 말해 주세요.'

'당신은 트로이에서 항해를 시작할 때, 제우스와 올림포스의 다른 신들에게 제물을 바쳤어야 했어. 그러니 지금이라도 이집트의 나일 강 둑으로 배를 저어 내려가서 아직 남아 있는 것을 제물로 바치도록 하시오. 그래야 신들이 당신을 동정하게 될 거요.'

그래서 내가 대답했어.

'당신이 말씀하신 대로 모두 하겠습니다. 그러면 한 가지만 더 이야기해 주십시오. 트로이에서 떠난 동료들은 모두 고향으로 돌아갔습니까? 아니면 벌써 이 세상을 떠난 사람이라도 있습니까?'

프로테우스는 어떻게 오디세우스가 우는 것을 보았는가

그가 대답했어.

'모든 그리스 지도자들 중 단지 두 사람만이 집으로 돌아가는 항해 중에 죽었네. 전쟁에서 이미 두 사람이 죽은 건 당신도 알고 있겠지. 그리고 거친 파도와 폭풍우에 휘둘리고 있는 세 번째 사람이 또 있지.

고향으로 돌아가는 길에 첫 번째로 목숨을 잃은 사람은 오일레우스의 아들 아이아스야. 포세이돈은 아이아스를 싫어하는 아테나를 기쁘게 해 주려고 돌이 많은 에우보이아 바닷가에 그를 던져 버렸네. 그러나 그가 잘난 체하지 않고 신들에게 존경심을 보였다면 살아남을 수도 있었지. 그때 바닷가에 있던 돌이 두 쪽으로 나누어지면서 한쪽은 남고 나머지 한쪽은 아이아스와 함께 거품이 이는 바다로 굴러떨어졌네. 그는 신들을 원망하며 가슴 가득 소금물을 삼키면서 죽어 갔네.

이제 너의 형 아가멤논이 죽은 사실도 말해야겠군. 그도 에우보이아의 바위투성이 바다에서 거의 죽을 뻔했지. 그러나 그는 헤라에 의해 구조되었어. 그가 마침내 고향 땅에 발을 들여놓았을 때, 그는 사랑하는 땅에 입맞춤하고 뜨거운 눈물로 땅을 적셨어.

그렇지만 그때 이미 미케네는 아이기스토스의 손안에 들어 있었고, 아가멤논의 부정한 아내 클리타임네스트라마저 차지한 뒤였어. 왕이 돌아왔다는 소문을 듣고 배반자들은 그를 없앨 은밀한 계획을 세웠어. 그리하여 곧 아이기스토스는 클리타임네스트라의 도움으로 궁전에 잔치를 벌여 그를 받아들이는 것처럼 가장했지. 잔치 중 갑자기 아이기스토스는 칼을 들고 아가멤논에게 달려들어 마치 소를 죽이듯이 그를 쓰러뜨렸어.'

나는 그 노인이 거짓말을 하지 않는다는 것을 알았어. 그래서 모래에 무릎을 꿇고 두 손으로 얼굴을 가린 채 죽은 형을 위해 눈물을 흘리며 슬퍼했어.

그때 프로테우스가 다정하게 말했어.

'울지 말게, 메넬라오스. 운다고 해서 아무것도 해결되지는 않네. 고향으로 돌아가는 시간만 자꾸 지체될 뿐이네. 당신이 아이기스토스가 살아 있을 때 돌아가게 될지, 아니면 아가멤논의 아들 오레스테스가 이미 그를 죽이고 난 뒤에 돌아갈지는 알 수 없지만 말이야.'

그때 나는 몹시 슬펐지만, 노인의 마지막 말을 듣고는 마음이 밝아졌어. 그러고는 다시 용기를 내어 질문을 계속했지.

'당신은 지금 나에게 목숨을 잃은 두 사람에 대해서만 이야기했습니다. 나는 세 번째 사람에 대해서도 알고 싶

습니다. 그가 누군지 물어보아도 되겠습니까? 그는 아직도 폭풍우가 몰아치는 바다에 있습니까? 아니면 다른 사람들처럼 죽었습니까? 지금보다 더 많은 눈물을 흘리게 될지라도 나는 그에 대해 듣고 싶습니다.'

늙은 예언자가 다시 입을 열었어.

'그 세 번째 사람은 오디세우스야. 라에르테스의 아들이며 이타케의 왕이지. 나는 그가 님프 칼립소의 섬에 갇혀 눈물을 흘리며 슬퍼하는 것을 내 눈으로 똑똑히 보았어. 그는 고향으로 돌아가고 싶어하지만 칼립소는 그를 떠나 보내려 하지 않아. 게다가 그 불행한 친구는 배도 선원도 없단 말이야.'

그것이 그 노인이 네 아버지에 대해서 말한 전부야. 그러고 나서 그는 바다 쪽으로 뛰어들어가 파도 속으로 사라졌어. 나는 당장 선원들에게 배를 준비하라고 명령했고, 아침에 우리는 배를 저어서 나일 강으로 향했어. 거기서 우리는 오랫동안 신에게 빚진 제물을 바쳤어. 그러고 나서 우리가 배에 올라타자마자 신의 노여움은 가시고 순풍이 불어 우리 모두가 그리는 고향으로 데려다주었어.

그것이 지금 여기에 오기까지 내가 한 모험이었어. 텔레마코스, 앞으로 열흘쯤 내 집에 더 머물게. 명예로운 손님으로 대접할 기회를 주게. 난 너에게 값진 선물과 세 마리의 빠른 말이 끄는 마차도 주고 싶네. 그리고 신에게 올릴 술잔도 주겠네. 그리하여 평생 나를 기억하도록 하고 싶네."

 텔레마코스가 대답했다.

 "왕이시여, 저를 그렇게 오랫동안 이곳에 붙잡아 두지는 마십시오. 당신의 이야기는 너무 매력적이어서 저는 1년이라도 여기 앉아 있을 수 있고, 나의 백성들과 집까지도 잊을 수 있을 것 같습니다. 그러나 필로스에서 온 마차가 너무 오랫동안 저를 기다리고 있습니다. 당신이 주시겠다는 선물은 소중히 여길 것입니다. 그러나 당신의 훌륭한 말들은 갖지 않겠습니다. 제 고향인 이타케에는 말들이 풀을 뜯을 평원이나 초원이 없으며 그들이 달릴 넓은 길도 없습니다. 우리의 섬은 아름답지만 돌이 많은 곳입니다. 모든 섬 중에서도 이타케는 가장 훌륭한 곳이지요."

메넬라오스는 텔레마코스가 하는 말을 듣고 매우 기뻐하며 그의 손을 잡았다.

"네가 아주 현명하게 말하는 것을 보니, 진정 오디세우스의 훌륭한 아들답구나. 그렇지만 나는 너에게 반드시 적당한 선물 하나를 주고 싶다.

가장자리를 순금으로 빙 두른 커다란 술잔인데, 보기만 해도 놀랄 정도로 근사하지. 바로 헤파이스토스의 작품이다. 내가 시돈 왕의 손님으로 갔을 때 그가 나에게 준 것이지. 그러나 이제는 네 것이야!"

한편 이타케에 있는 오디세우스의 우아한 궁전 안마당에서는 거만스러운 구혼자들이 운동 경기로 시간을 보내고 있었다. 안티노오스는 원반 던지기에서 이겼고, 에우리마코스는 투창 던지기에서 일등을 했다. 바로 그때 선장 노이몬이 도착했다.

"에우리마코스, 텔레마코스가 언제 돌아올지 알고 있나요? 그가 내 배를 타고 갔는데, 지금 나는 엘리스로 항해를 떠나야 하기 때문에 배가 필요합니다."

노이몬은 텔레마코스가 배를 타고 나갔다는 사실을 아

무도 모르고 있다는 것을 알아챌 수 있었다. 구혼자들은 그가 그저 어딘가 주변에 있는 들판에라도 나갔을 거라고만 생각하는 듯했다.

안티노오스가 펄쩍 뛰며 물었다.

"텔레마코스가 배를 타고 나갔다고? 언제 누구와 함께 갔지? 그리고 그가 당신 배를 제멋대로 가져갔단 말이오, 아니면 빌려 간 거요?"

"그가 나에게 정중히 부탁했고, 그래서 내가 배를 내주었습니다. 왕의 아들이 말하는데 어느 누가 거절할 수 있겠습니까? 섬에 있는 훌륭한 젊은이들이 그와 함께 갔습니다. 안내를 하는 사람은 멘토르처럼 보였는데, 아마도 그는 신이 변장한 것 같습니다. 그가 다른 사람들과 배를 타고 나가는 것을 제가 분명히 보았는데, 어제 여기서 멘토르를 다시 보았지 뭡니까?"

그러고 나서 노이몬은 그 자리를 떠났다. 너무나 갑작스런 말에 구혼자들은 너무 놀라서 자기들이 무엇을 하고 있었는지조차 잊어버렸다. 미친 듯이 화가 나서 흥분한 안티노오스가 크게 소리쳤다.

텔레마코스를 죽일 계획

"이제 텔레마코스가 무슨 일을 저지르려는지 모두들 알겠지? 우리가 가만히 앉아 있는 동안, 그 어린 녀석이 우리들 손아귀를 빠져나가 우리에게 대항하기 위해 그런 어마어마한 계획을 세울지 누가 알았겠나! 그렇지만 두려워하지는 말게. 그 녀석 뜻대로 그리 쉽게 우리에게 해를 끼치지는 못할 거야. 우리가 먼저 제우스의 도움을 받아 단번에 그를 끝장내면 되니까. 자, 빨리 배를 준비하게. 우리들 중 스무 명은 나와 함께 배를 타고 나가 세임 해협에 숨어 그를 기다리세. 그는 자신의 무모함에 대한 대가를 자신의 목숨으로 치를 걸세!"

그들은 모두 안티노오스의 계획에 합세했다. 그때 오디세우스의 충성스런 전령인 메돈이 이 소식을 듣고 페넬로페에게 알리기 위해 달려갔다. 그런데 그가 문을 두드리고 말을 하기도 전에 페넬로페가 문 앞에 나타나서 말했다.

"전령, 누가 당신을 여기에 보냈지? 저 사악한 사람들을 위해 상을 차릴 준비를 하라고 하녀들에게 명령하기 위해 왔는가? 신들이 그것을 그들의 마지막 식탁으로 만들어 줄 수 있다면! 그들은 하루 종일 여기에 앉아 텔레마코스의 자리까지 넘보려 하고 있어. 오디세우스가 어떤 사람인지 한 번도 들어 보지 못한 사람들처럼 말이야!

오디세우스는 사람들에게 부당한 일을 한 적도 없고, 나쁜 말을 한 적도 없고, 다른 왕들처럼 누구는 사랑하고 누구는 드러내 놓고 증오한 적도 없어. 당신도 그들의 행동을 보면 그들이 얼마나 나쁜 영혼을 가졌다는 것을 알 수 있을 거야. 그들은 자신들에게 가장 큰 은혜를 준 은인도 몰라 보는 비열한 인간들이니까."

메돈은 페넬로페에 대한 존경심을 갖고 대답했다.

"더 이상 나쁜 일이 일어나지 말아야 합니다. 그러나 지금 그들은 나쁜 일을 계획하고 있습니다. 그들은 아버지의 소식을 알기 위해 배를 타고 나간 텔레마코스를 죽이려고 계획을 짜고 있어요."

이 소리를 들은 페넬로페는 순간 온몸에 힘이 빠지며 슬픔으로 가슴이 터질 것 같았다. 오랫동안 그녀는 한마디도 말을 할 수 없었다. 마침내 기운을 회복한 그녀는 소리내어 울부짖었다.

"전령, 텔레마코스가 왜 떠났지? 무엇이 내 아들의 목숨을 거품이 이는 위태로운 바다 위로 이끌어 갔단 말이냐? 텔레마코스는 정녕 후손도 하나 없이 이 왕가가 사라지기를 원한단 말이냐?"

메돈이 대답했다.

"저는 아무런 말도 할 수 없습니다. 다만 짐작컨대, 그는 어떤 신의 계시에 의해 행동하거나, 아니면 자신의 굳은 의지에 의해 떠났으리라 생각됩니다. 당신의 아들 텔레마코스는 바보가 아닙니다."

마음에 깊은 상처를 입은 페넬로페는 하녀가 가져다준 의자를 뿌리치고는 기둥에 기대어 눈물을 흘렸다.

그녀는 흐느끼며 말했다.

"왜 한 사람도 나를 깨우지 않았단 말이오. 내 아들이 떠난다고 왜 말해 주지 않았어요? 그랬다면 아마도 그를 말릴 시간이 있었을 텐데. 당신들 중 단 한 명도 아무것도 몰랐다고는 말하지 마시오!"

그때 늙은 에우리클레이아가 말했다.

"저를 죽이든지 살리든지 마음대로 하세요. 저는 이미 알고 있었지만 왕비님께 말하지 않았습니다. 저는 텔레마코스에게 음식과 포도주를 주었습니다. 하지만 그에게 가지 말라고 빌었습니다. 그는 저에게 왕비께서 울어서 아름다운 얼굴을 망치길 원하지 않는다며 12일이 지나기 전에는 왕비님에게 한마디도 말하지 않겠다고 맹세하라고 했습니다."

페넬로페는 아테나의 도움을 청하기 위해 소리쳤다.

"위대한 여신이여, 오디세우스는 살찐 양과 소를 모두 당신의 거룩한 제단에 제물로 바쳤습니다. 당신에게 간절히 빕니다. 제발 내 아들을 구해 주소서. 그리고 우리를 거칠고 악한 구혼자들로부터 벗어나게 해 주소서."

아테나는 그녀의 기도를 들었다.

그러나 페넬로페를 괴롭히며 이미 자신들의 계획을 실행하고 있는 구혼자들은 밤새 배를 저어 세임과 이타케 사이에 있는 작은 무인도로 갔다. 그들은 적당한 곳에 몸을 숨기고 오디세우스의 아들이 오기를 기다렸다.

그날 밤, 페넬로페를 깊이 동정한 아테나는 그녀가 잠

들자 꿈속에 그녀의 동생 이프팀을 보냈다. 이프팀의 그림자가 그녀에게 말했다.

"페넬로페, 너무 슬퍼하지 마세요. 신들은 당신의 아들을 사랑합니다. 그러니 그는 안전하게 돌아올 것입니다."

페넬로페가 대답했다.

"여신이시여, 당신은 이렇게 멀리까지 와서 어떻게 나의 온 정신을 잃게 만드는 이 슬픔을 거두라 하십니까? 나는 이미 남편과 많은 훌륭한 그리스 사람들을 잃었습니다. 그리고 이제는 아들까지 잃게 될지도 모릅니다. 내 아들은 성급하고 경험이 없어 앞뒤 헤아리지 않고 위험 속에 뛰어들었습니다. 사악한 자들은 그가 이곳에 도착하자마자 죽이기 위해 숨어서 기다리고 있습니다. 그런데 어떻게 나의 불행을 슬퍼하며 울지 않을 수 있습니까? 어떻게 내 가슴이 고통으로 무너지지 않을 수 있겠습니까?"

이프팀의 그림자가 다시 그녀에게 말했다.

"두려워하지 말아요. 아테나가 항상 텔레마코스 옆에서 그를 안내하고 조언해 줄 겁니다. 아무도 그녀의 힘을 당할 수 없습니다. 이렇게 당신을 위로하기 위해 나를 여기에 보낸 것도 바로 아테나입니다."

 이 말과 함께 이프팀의 그림자는 문 밖의 어둠 속으로 스르르 빠져나갔다.

 페넬로페가 깨어났을 때, 그녀의 마음은 여신이 꿈속에서 들려 준 위로의 말 때문에 무척 밝아졌다.

오디세우스의 모험

칼립소의 섬에서

전지전능한 제우스의 명령에 따라, 헤르메스는 오기기아 섬으로 날아가서 님프 칼립소에게 오디세우스를 집으로 돌려보내라는 신들의 결정을 전달하려 했다.

깃털이 달린 그의 발이 섬에 닿았을 때, 그의 눈앞에 칼립소가 살았던 동굴이 보였다. 벽난로에서는 불이 타고 있었고, 순식간에 불에 타는 나무 향기가 전해졌다.

헤르메스는 시원한 나무 그늘과 각양각색의 새 그리고 돌 틈에서 용솟음치듯 흘러 나오는 물이 너무나 아름다운 숲속 경치에 넋을 잃고 오랫동안 서 있었다.

동굴 안으로 들어갔을 때, 그는 칼립소가 베틀에 앉아 베를 짜면서 감미로운 노래를 부르는 것을 들었다. 그러나 오디세우스는 그곳에 없었다. 오디세우스는 언제나 그랬듯이 바닷가에 앉아 집으로 돌아갈 시간을 기다리면서 수평선을 보며 눈물을 흘리고 있었다.

칼립소는 헤르메스를 보는 순간, 그가 누구인지 한눈에 알아보았다. 신들끼리는 서로 멀리 떨어져 있더라도 서로를 알아볼 수 있는 능력이 있었다.

그녀가 먼저 그에게 인사를 건넸다.

"헤르메스여, 당신은 무엇 때문에 이렇게 먼 섬까지 오게 되었습니까? 내 능력이 닿는 대로 당신이 원하는 것을 들어드리겠습니다. 그러나 그전에 먼저 안으로 들어오셔서 당신이 기운을 회복할 수 있도록 무엇이든 대접하고 싶습니다."

칼립소는 이렇게 말하면서 신들이 먹는 음식과 신들이 마시는 진홍색 포도주를 탁자 위에 내놓았다. 헤르메스는 향기로운 포도주를 한 모금 마신 뒤에 사랑스런 님프를 돌아보며 말했다.

"여신께서는 내가 왜 여기에 왔는지 물어보셨지요? 끝없이 넓은 바다를 건너기는 싫었지만 제우스 신이 나를 보냈기 때문에 어쩔 수 없었습니다. 그 황량한 물 위에는 아무 즐거움도 없고, 공기 중에 떠도는 향기로운 냄새도 없었습니다. 그런데도 내가 여기에 온 이유는 당신이 어떤 사람을 데리고 있기 때문입니다. 그는 트로이 전쟁에서 이겼지만 바다에서 동료들을 다 잃고 어떤 섬에 갇힌 가장 운이 나쁜 사람입니다. 제우스는 이제 그가 이곳을 떠나기를 원합니다. 제우스는 오디세우스가 당신과 영원히 함께 있어야 할 운명이 아니라, 고향과 그를 기다리는 사람들에게로 돌아가야 한다고 생각합니다."

칼립소는 그의 말을 듣고 몹시 언짢았다.

그녀는 퉁명스럽게 대답했다.

"올림포스에 사는 신들은 정말 무정한 분들이군요! 당신들은 당신들보다 못한 신들 중의 하나가 인간과 사랑에 빠지면 심하게 질투하더군요. 거만한 아르테미스가 오리온을 화살로 쏘아 죽인 이유도 바로 그때문이지요. 바로 새벽의 여신 에오스가 그의 매력에 넘어갔으니까요. 제우스가 그의 꽃다운 젊음에 번개를 내려친 이유 역시 곱슬머리를 곱게 땋은 데메테르가 그를 마음에 두었기 때문이지요. 내가 인간을 사랑하는 것을 당신들이 참을 수 없는 것도 그 이유이겠지요.

그러나 잊지 마세요. 물거품 이는 거친 바다에서 오디세우스가 부서진 배에 겨우 매달려 파도에 휩쓸리고 있을 때 그를 구한 것은 바로 나입니다. 내가 그에게 음식을 주었고 그를 보살펴 주었습니다. 그리고 내가 포세이돈의 분노로부터 그를 지켜 주었습니다. 지금 내가 그를 신으로 만들려고 하는 찰나에 당신이 와서 그를 보내라고 하는군요!

어차피 우리 중 아무도 제우스의 뜻을 거스를 수는 없으니 그를 보내겠어요. 그런데 배와 선원은 말할 것도 없고, 그의 것이라고는 노 하나 없으니 어떻게 항해할 수 있겠습니까? 좋아요, 될 일은 되게 마련이지요. 내가 한 번 더 오디세우스를 도와서 그가 그토록 그리워하는 고향으로 가는 방법을 가르쳐 주겠습니다."

"늦으면 제우스가 화를 낼지도 모르고, 그러면 당신에게 나쁜 일이 생길지도 모릅니다. 그러니 칼립소여, 약속한 것을 빨리 실행하기 바라오."

이 말과 함께 헤르메스는 다시 돌아가기 위해 하늘 높이 솟아올랐다. 칼립소는 슬픈 마음을 이끌고 바닷가로 오디세우스를 찾으러 갔다.

오디세우스여, 더 이상 울지 마세요.

칼립소는 오디세우스가 둥근 돌 위에서 흐느끼며 넓고 푸른 바다를 뚫어지게 바라보고 있는 것을 보았다. 그녀는 그에게로 다가가서 말했다.

"당신이 사랑하는 곳으로 돌아갈 수 있게 되었으니 울지 마세요, 오디세우스. 그러니 어서 가서 튼튼한 나무를 찾아 뗏목을 만드십시오. 풍파에 견딜 수 있도록 옆을 높이 세우고, 뗏목을 타고 바다로 나가십시오. 나는 당신에게 줄 빵과 깨끗한 물, 그리고 붉은 포도주를 준비하여 당신이 항해하는 동안 목마름이나 배고픔 때문에 고생하지 않게 해 드리겠습니다. 추위에 견딜 수 있도록 옷을 드릴 것이고, 만약 이것이 더 높은 신의 뜻이라면 부드럽고 따뜻한 바람을 주어 당신이 빠르고 안전하게 고향으로 돌아가도록 하겠습니다."

오디세우스는 칼립소의 갑작스런 친절에 불길함을 느끼면서 말했다.

"나는 당신을 믿을 수 없습니다. 당신이 나에게 어떠한 위험을 주려고 계획한 건지 모르니까요. 당신은 나를 바다에 떠 있는 튼튼한 배들과 부딪치게 하여 위험에 빠뜨리려는 거지요? 나는 절대로 당신 말대로 하지 않겠습니다. 당신이 나를 지금보다 더한 위험에 빠뜨리지 않겠다고 확실히 맹세하지 않는다면 그렇게 할 수 없어요."

"아둔한 사람이여, 당신은 어떻게 그런 생각을 할 수 있습니까?"

칼립소는 자애롭게 대답했다.

"좋아요, 약속하겠습니다. 대지와 높은 하늘과 신성한 스틱스 깅물에 대고 맹세하겠습니다. 나의 맹세는 신이 할 수 있는 가장 큰 맹세입니다. 나는 진심으로 당신이 잘되기를 바랍니다. 당신에 대한 내 마음은 냉정하기보다는 오히려 더 부드러운 것이랍니다."

칼립소는 이렇게 말한 뒤 커다란 동굴 속에 있는 자신의 집으로 돌아갔다. 오디세우스도 그녀를 따라갔다.

집에 도착했을 때, 그녀는 많은 음식이 놓인 식탁으로 그를 안내했다. 시중드는 하녀들이 신들이 먹는 음식과 포도주를 가지고 올 동안 그녀는 오디세우스의 맞은편으로 가서 앉았다.

그렇게 배불리 먹고 마신 뒤에 사랑스런 님프 칼립소는 하소연을 하기 시작했다.

"오디세우스, 당신은 그렇게도 간절히 고향과 당신의 아이들이 보고 싶은가요? 나는 당신의 뜻에 반대하지 않습니다. 그리고 또 신의 뜻이 함께하기를 바랍니다. 하지만 앞으로 당신에게 다가올 위험과 고난을 생각한다면, 당신은 아내가 아무리 보고 싶더라도 영원히 이곳에서 사는 게 더 좋지 않을까요? 내가 그녀에 비해 아름답지 않다는 말은 하지 말아 주세요. 아름다움이나 명예로 인간과 신을 비교할 수는 없습니다."

오디세우스가 대답했다.

"여신이여, 나를 믿어 주세요. 페넬로페가 아무리 아름답다고 해도 당신 앞에서는 보잘것없다는 것을 잘 알고 있습니다. 당신은 나이와 근심 따위로 늙지 않지만 그녀는 평범한 여자입니다. 나는 당신과 페넬로페를 비교할 생각은 꿈에도 없습니다. 당신이 나에게 경고하는 고난에 대해서는 별로 할 말이 없습니다. 그저 올 테면 오라지 하는 심정일 뿐입니다. 나는 고향에서 새벽을 맞게 되기를 원합니다. 그렇기 때문에 파도가 산처럼 높게 몰려온다고 해도 그것들과 다시 한번 싸울 것입니다. 나는 이미 많은 고통을 겪었습니다. 조금 더 고통스럽다고 한들 무슨 상관이 있겠습니까?"

아침이 되자 칼립소는 오디세우스에게 날이 두 개 달린 도끼와 날카로운 송곳을 주며 숲으로 그를 안내했다. 숲에는 전나무와 포플러 등 키가 큰 나무들이 많았고, 그것들은 수액이 충분히 말라 있어서 뗏목을 만들기에 적당했다.

오디세우스는 뗏목을 만들기 시작했다. 그는 여러 개의 나무를 쓰러뜨린 다음 나무의 몸통을 다듬고 껍질을 벗겼다. 그러고는 칼립소가 준 송곳으로 구멍을 뚫어서 나무와 나무를 연결하여 넓고 튼튼한 뗏목을 만들었다.

그는 갑판이 물에 젖지 않게 하려고 튼튼한 벽을 가장자리에 둘러쳤다. 또 길고 곧은 다른 나무를 사용해 돛대를 만들었고 거기에 대들보를 매었다. 그리고 적당한 곳에 키를 놓았다. 그는 칼립소가 가져온 튼튼한 천을 바느질해서 대들보에 묶었다. 그러고는 두껍고 질긴 끈으로 돛대와 돛을 튼튼하게 연결했다.

모든 것이 준비되자 그는 지레를 움직여서 뗏목을 물에 띄웠다. 이렇게 튼튼한 뗏목을 만드는 데 나흘이 걸렸다.

5일째 되는 날, 칼립소는 직접 오디세우스의 몸을 닦아 준 다음 향기로운 냄새를 풍기는 겉옷을 입혀 주었다. 그녀는 그가 고향으로 돌아가는 동안 부족함이 없도록 하기 위해 가죽 부대에 각각 붉은 포도주와 물을 넣고, 다른 자루에는 충분한 음식을 넣어 주었다. 마지막으로 그녀는 부드럽고 따뜻한 바람을 불렀다.

오디세우스는 기쁜 마음으로 뗏목에 올라타며 눈물을 글썽이고 서 있는 칼립소에게 작별 인사를 했다.

오디세우스는 곧 뗏목 뒤에 있는 키 쪽으로 가서 잘 만들어진 뗏목을 조종하며 바다로 나아갔다. 칼립소와 함께 8년 동안 머물렀던 오기기아 섬은 어느새 수평선 너머로 사라졌다. 어스름한 저녁이 되었지만 그는 잠시도 눈을 감지 않았다. 그는 오리온을 향해서 항상 같은 자리에 있는 플레이아데스 성단과 북두칠성 그리고 곰자리 별을 이용해 밤새도록 항해했다.

오디세우스는 항상 곰자리 별을 왼쪽에 두고 칼립소가 가르쳐 준 대로 항해했다. 그렇게 18일째 되던 날, 바다 안개 속으로 어떤 커다란 섬의 산꼭대기가 어렴풋이 보이기 시작했다. 그것은 파이아케스 사람들이 살고 있는 스케리아 섬이었다.

같은 날, 포세이돈은 에티오피아 방문을 마치고 돌아오고 있었다. 그는 멀리 떨어져 있었지만, 날카로운 눈은 오디세우스가 파이아케스 인이 살고 있는 섬에 다가가는 것을 놓치지 않았다. 오디세우스는 그런 줄도 모르고 이제부터는 고향으로 돌아가는 길이 쉬울 거라고 생각하고 있었다.

오디세우스의 귀환을 방해하는 포세이돈

포세이돈은 화를 벌컥 냈다.

"결국 그가 돌아갈 수 있도록 신들이 마음을 바꾸었군! 그렇다면 내가 진짜 문제가 무엇인지를 가르쳐 주지. 그렇지 않으면 내 이름이 무색해질 것이다!"

그는 말을 마치자마자 먹구름들을 모았고, 파도가 산처럼 높아질 때까지 삼지창으로 바다를 휘저었다. 모든 바람을 앞에 모아 놓고 사방에서 동시에 불도록 했다.

오디세우스는 믿을 수 없을 정도로 거센 폭풍우를 만났다. 그는 절망과 괴로움으로 신음하듯 말했다.

"아! 여신이 내가 겪게 될 시련에 대해 경고한 게 옳았었군. 제우스가 하늘에 쌓아 둔 구름과 사나운 바람을 한꺼번에 풀어 놓은 저 광경을 보라. 이것을 탈출할 방법은 없다. 나의 최후가 온 것이다. 아, 트로이에서 죽은 사람들은 차라리 운이 좋은 것이다. 죽은 아킬레우스를 넘으며 싸우고 있을 때, 적의 창이 수천 개나 나를 향해 날아왔는데도 어떤 불운이 나를 그곳에서 죽지 못하게 했단 말인가! 만약 그랬다면 나는 우뚝 솟은 무덤 밑에 누워서 영원한 영광을 누리고 있을 텐데. 나는 무덤도 없이, 그리고 나를 기억해 줄 기념비 하나도 없는 곳에서 죽음을 맞이하도록 운명이 정해졌군."

그때 거대한 파도가 그의 머리 위로 나타났다. 파도는 무서운 힘으로 뗏목을 내리쳤고, 그는 튕겨 나가 바닷속에 빠졌다.

사나운 바람은 돛대를 잡아챘고, 돛과 대들보를 들어올려서 사나운 바다로 내던졌다. 흠뻑 젖은 옷의 무게를 이기지 못해 점점 가라앉던 오디세우스는 바닷속에서 필사적으로 몸부림쳤다.

마침내 그의 머리가 물 위로 떠올랐다. 그는 소금물을 내뱉고는 있는 힘을 다해 뗏목을 향해 헤엄쳐 갔다. 간신히 뗏목을 붙잡은 그는 있는 힘을 다해 그 위로 기어 올라갔다.

바다의 여신 레우코테아가 파도를 헤치고 나타났을 때, 그는 겨우 갑판 중앙까지 기어갈 수 있었다. 그녀는 한때 카드모스 왕의 딸이자 '이노'라는 이름을 가진 인간이었다.

 레우코테아는 불행한 오디세우스를 보자 가슴이 아팠다. 그리하여 살며시 뗏목에 타면서 말했다.
 "불행한 친구여! 왜 포세이돈은 당신의 모든 희망을 그

렇게 잔인하게 짓밟으려 하는 겁니까? 좋습니다. 화를 내려면 내라고 하세요. 아무리 그래도 당신이 살아날 길은 여전히 남아 있습니다. 당신의 옷을 바다에 던져 버리고 있는 힘을 다해 파이아케스 사람들이 사는 땅으로 헤엄쳐 가세요. 다만, 이 베일을 당신 가슴에 묶고 있으면 그곳까지 안전하게 갈 수 있을 겁니다. 하지만 그곳에 도착하자마자 베일을 풀어 제가 있는 바다로 다시 던져 주세요."

레우코테아는 오디세우스에게 베일을 주고는 서둘러 바닷속으로 다시 들어갔고 순식간에 그의 눈앞에서 사라졌다.

오디세우스는 그녀의 말에 확신이 서지 않아 고민에 빠졌다.

"나보고 이 물속으로 들어가라고 하는 것을 보면 여신이 또 어떤 함정을 만들어 놓았는지 몰라. 이제는 더 이상 속임수에 넘어가지 않으리라. 바닷가는 너무 멀리 떨어져 있으니, 이 나무 기둥들이 서로 붙어 있는 한 나는 계속 여기에 있을 것이다. 만약 이것들이 조각난다면 그때 헤엄칠 것이다. 정녕 그렇게 할 수밖에 없을 때……."

그 순간 포세이돈이 산처럼 높은 파도를 들어올려 뗏목 위로 내리쳤다. 나무들은 바람에 흩어지는 지푸라기처럼 산산조각 났다.

오디세우스는 간신히 둥근 나무 기둥 하나를 잡을 수 있었다. 그는 그 위에 두 다리를 걸치고 올라탔다. 그러고는 칼립소가 준 옷을 찢어 버렸다. 이제는 레우코테아가 충고한 것밖에 믿을 게 없다고 생각한 그는 베일을 가슴에 걸쳤다. 그는 바닷가를 향해 있는 힘을 다해 나아갔다.

그를 발견한 포세이돈은 무척 만족해하면서 말했다.

"어서 헤엄쳐 가라. 너는 네 몫의 고통을 이미 다 치렀다. 그러니 바닷가로 가서 너를 불쌍히 여길 사람들을 찾아봐라. 그리고 내 손에서 고생한 만큼 네 뜻을 이루기 바란다."

포세이돈은 이 말을 남긴 채 말을 몰아 에게해에 있는 자신의 훌륭한 왕궁으로 향했다.

포세이돈이 돌아간 뒤, 아테나는 이 불쌍한 영웅을 돕기 위해 달려갔다. 먼저 엄청나게 부는 바람을 잠재운 그녀는 북풍만 남겨 두어 오디세우스가 파이아케스 인이 사는 땅으로 갈 수 있도록 했다.

파도를 헤치며 이틀 밤낮을 헤엄쳐 가던 오디세우스는 여러 번 죽을 고비를 넘겼다. 마침내 3일째 아침이 왔을 때, 그는 나무로 뒤덮인 섬을 발견하고는 몹시 기뻐했다. 그는 마지막 힘을 다해 바닷가로 헤엄쳐 갔다. 그러나 그는 아주 가까운 곳에서 모서리가 뾰족한 바위 위로 파도가 부서지고 있는 모습을 볼 수 있었다.

"또 문제가 생겼군!"

오디세우스는 신음 소리를 냈다.

"칼날 같은 바위투성이뿐, 안전한 곳은 찾아볼 수가 없군. 만약 큰 파도가 덮친다면 나는 날카로운 바위 위로 던져져 죽을 것 같아. 아직 신의 분노가 가라앉지 않았는가!"

그가 이 말을 마치자마자, 우뚝 솟은 파도가 그를 들어 올려 날카로운 바위 쪽으로 던졌다.

아테나가 재빨리 그에게 어떻게 해야 할지 말해 주지 않았다면, 그는 종이처럼 갈기갈기 찢길 뻔했다. 그러나 다시 소용돌이치는 거품이 밀려와 휩쓸면서 불행한 영웅 오디세우스를 더욱 나쁜 운명으로 몰고 갔다.

오디세우스의 영웅적인 생애가 그것으로 끝날 뻔했지만, 아테나는 그가 물 위로 떠올라서 거품을 헤치고 나갈 수 있게 도와 주었다. 그는 겨우 죽음으로부터 도망쳐 나올 수 있었다. 잠시 뒤에 드디어 강어귀가 보였다.

"만약 저기에 닿을 수 있다면 나는 살아나는 거야."

그는 혼잣말을 하면서 남아 있는 힘을 모두 모아 헤엄쳐 갔다.

오디세우스는 강어귀에 거의 가까이 다가가 소리쳤다.

"강의 신이여, 당신이 누구시든 제발 나를 도와주소서! 화난 포세이돈으로부터 나를 구하소서. 그러면 나는 영원히 당신을 존경할 것입니다."

강의 신은 오디세우스의 소리를 듣고 사나운 물살을 늦추었다.

물살이 저수지처럼 부드러워지자, 지친 영웅은 가까스로 바닷가에 닿을 수 있었다. 그는 두 다리에 힘이 빠지는 걸 느꼈다. 그가 무릎을 낮추고 머리를 숙이자 입과 코에서 물이 억수같이 쏟아져 나왔다. 그는 숨도 쉴 수 없고 말도 할 수 없을 지경이었다.

잠시 뒤에 그는 가슴에 걸쳤던 베일을 풀어 어깨 너머 강으로 던졌다. 그것은 급류에 실려 레우코테아의 손에 닿았다.

오디세우스는 자신이 살아났다는 사실을 믿을 수 없었다. 그는 땅에 엎드려 흙에 입을 맞추었다.

그러나 그는 발가벗고 있었고, 추운 밤이 다가오고 있었기 때문에 마음이 무거웠다. 그는 몸에 걸칠 것을 찾다가 작은 언덕 위에 있는 올리브나무 두 그루를 발견했다. 두 그루의 나무는 서로 가까이에서 자라고 있었고, 잎사귀가 두꺼워 추운 밤 공기로부터 그를 보호해 줄 수 있을 것 같았다.

나무 밑에 몸을 숨긴 오디세우스는 그때 떨어진 나뭇잎들이 두껍게 땅을 덮고 있는 것을 발견했다. 그는 구덩이를 파고 그 안에 드러누워 온몸을 나뭇잎 이불로 덮었다.

이제 오디세우스는 따뜻한 밤을 보낼 수 있게 되었으며, 북풍의 매서움도 걱정할 필요 없었다. 아테나는 그의 눈을 감기고, 지친 몸에 달콤한 잠을 쏟아부었다. 어둠이 땅을 덮자 오디세우스는 깊이 잠들었다.

아테나는 파이아케스 인의 왕인 알키노오스의 궁전으로 갔다.

호화롭게 장식된 방의 커다란 침대 위에는 왕의 아름다운 딸인 나우시카 공주가 자고 있었다.

여신은 베개에 몸을 굽히고 나우시카의 가장 친한 친구 디마스 딸의 꿈을 그녀의 마음에 불어넣었다.

디마스의 딸은 침대 가까이 다가가 말했다.

"나우시카, 너의 아름다운 옷들이 빨지도 않은 채 놓여 있잖니. 그렇게 게을러서야 되겠니? 넌 이제 결혼할 나이가 되었잖니. 섬에 있는 젊은 귀족의 반은 너를 신부로 맞이하고 싶어해. 그러니까 넌 항상 아름답게 차려입어야 하고, 결혼식 파티를 열려면 수놓은 가운도 준비해야 해. 얼른 아버지에게 가서 이 모든 것을 준비할 마차를 부탁해. 그러고는 옷과 이불과 다른 천들도 마차에 실어서 강에 가서 빨도록 해."

잠에서 깬 나우시카는 꿈이 기억 속에 선명하게 남아 있었다. 그녀는 곧장 알키노오스에게 달려갔다.

"아버지, 옷들을 강에 가져가서 빨 수 있게 사람들에게 마차를 준비하라고 해 주세요. 아버지께서는 모임에서 다른 귀족을 만날 때 깨끗하고 향기로운 냄새가 나는 옷을 입으셔야만 합니다. 오빠들도 무도회에 갈 때 깨끗한 옷을 입어야만 합니다. 이러한 것들을 돌보는 게 제가 할 일이라고 생각합니다."

나우시카는 자기 입으로 결혼을 들먹이는 게 너무 부끄러웠다. 그러나 아버지는 그녀가 무엇을 생각하는지 알고는 훌륭하고 튼튼한 덮개가 있는 마차를 준비하고 노새 두 마리를 달 것을 명령했다.

나우시카가 옷을 가져다 싣는 동안 어머니는 음식과 포도주를 가져다주었다. 그리고 나우시카와 하녀들이 빨래를 하고 목욕을 한 뒤 바를 기름 한 통까지 주었다.

나우시카는 마차에 올라 고삐를 잡고 노새들을 채찍질했다. 하녀들은 그 뒤를 따라 출발했다.

그들이 강에 도착하자 하녀들은 노새들이 풀을 뜯을 수 있도록 풀어 주고 나서 구유에 더러운 옷을 쌓아 놓고 누가 가장 많은 빨래를 하는지 서로 경쟁했다. 빨래가 끝나자 옷들은 깨끗하게 빛났다.

그들은 옷을 바닷가 자갈 위에 펴 놓아 말린 다음, 강으로 달려가서 목욕하고 몸에 기름을 발랐다. 그들은 모두 둘러앉아서 식사를 끝낸 다음 공놀이를 했다. 날씨가 아름다운 소녀들처럼 화창했다.

나우시카는 숲의 님프들 사이에 있는 아르테미스처럼 돋보였다. 모두들 나우시카 공주의 노래에 맞추어 공을 던져 올리고 게임이 시작되었다.

시간이 흘러 옷이 다 말랐다. 이제 옷을 모아 떠날 시간이 되었다. 어젯밤부터 이 근처에서 잠을 자고 있던 오디세우스는 소녀들의 외침과 웃음소리에도 깨어날 기미가 전혀 보이지 않았다. 그렇게 많은 밤을 한숨도 자지 못해 지칠 대로 지친 그는 아직 눈을 뜰 수가 없었다.

그러나 아테나는 오디세우스를 계속 자게 내버려 두지 않았다. 나우시카가 공을 던졌는데, 그녀가 너무 우스꽝스런 모습으로 던지는 바람에 사람들 모두 웃음을 터뜨렸다. 그 웃음소리가 너무 커서 마침내 오디세우스를 깨웠다.

나우시카를 만난 오디세우스

잠에서 깬 오디세우스가 부스스 일어났다.

"내가 지금 어디에 있는 거지? 야만인들, 무법자의 땅, 아니면 사리를 판단할 줄 아는 사람들이 있는 곳일까? 명랑하게 웃는 여자들의 목소리를 들은 것 같은데? 그들은 물의 님프일까? 인간의 딸들인가?"

오디세우스는 그제야 잎사귀 더미에서 나왔다. 그는 아무것도 몸에 걸치지 않고 있었다. 이런 그가 어떻게 소녀들의 목소리가 들렸던 곳으로 걸어갈 수 있겠는가?

그러나 살찐 사슴을 본 배고픈 사자처럼 오디세우스는 너무나 배가 고파서 견딜 수 없었다. 그는 잎이 무성한 가지를 꺾어 몸을 가린 채 소녀들이 있는 곳으로 걸어갔다.

소녀들은 그를 보자 깜짝 놀랐다. 그는 바다에서 너무 시달린 나머지 온몸이 피와 소금 덩어리로 너무 거칠어 보였기 때문에, 소녀들은 재빨리 흩어져 나무 사이에 숨었다. 그러나 아테나가 알키노오스의 딸 나우시카에게만은 용기를 주었기 때문에 그녀는 그대로 서 있었다.

오디세우스는 천천히 나우시카에게 걸어갔다. 그는 처

음에는 자신의 몸을 그녀의 발 밑에 던지며 무릎을 껴안으려 했지만, 그녀의 기분을 상하게 할까 봐 그냥 말만 하기로 결심했다.

그는 조심스럽게 단어를 선택하며 친절하고 설득력 있게 말을 했다.

눈이 부시도록 아름다운 나우시카

"고귀한 여인이여, 당신이 누구든지 간에 나를 도와주십시오. 당신이 여신이라면, 제우스의 딸 아르테미스를 닮았군요. 당신은 그녀의 품위와 아름다움을 아주 많이 닮았습니다. 당신이 인간이라면, 당신의 부모님과 오빠들은 진정으로 크나큰 행운을 얻었군요. 당신이 춤을 추는 모습을 본다면 그들의 마음은 얼마나 즐겁겠습니까! 당신을 신부로 얻는 사람은 더욱더 큰 행운아일 겁니다. 이렇게 당신에게 말하는 나를 용서하십시오. 그러나 당신같이 아름다운 여자는 처음 봅니다.

내가 지금 무슨 말을 하고 있는지 모르겠습니다. 다만 델로스의 아폴론 신전 옆에서 자라는 어린 종려나무를 보앉을 때 꼭 한 번, 내 눈이 지금과 똑같이 넋을 잃은 적이 있었습니다. 그때 너무나 아름다운 그 모습에 나는 눈이 부셔서 아무런 말도 못 했습니다. 지금 당신의 아름다움도 꼭 그렇습니다.

나는 지금 큰 고통을 겪고 있습니다. 20일 내내 파도에 시달리다가 어제야 비로소 운명에 의해 이 바닷가로 던져지게 되었습니다. 나는 지금 내가 어디에 있는지도 모르며, 당신은 이곳에서 내가 처음 보는 사람입니다.

제발 나에게 벗은 몸을 가릴 수 있게 헌 옷이라도 주시고, 도시로 가는 길을 알려 주십시오. 당신의 친절함에 대한 보답으로, 신들에게 당신이 원하는 것을 모두 허락하도록 하여 두 마음이 하나가 될 수 있는 남편과 가정을 이룰 수 있기를 빌겠습니다. 사랑하는 한 쌍의 남녀보다 더 보기 좋은 것은 이 세상에 없습니다. 그것은 사랑하는 친구들에게는 기쁨을, 적들에게는 질투심으로 가득 차게 하지요."

나우시카가 그의 말에 대답했다.

"낯선 이여, 당신은 평범한 방랑자는 아닌 것 같군요. 제우스는 인간에게 그에게 맞는 기쁨과 고통을 적절히 나누어 줍니다. 그리고 인간은 참을성 있게 그 짐을 이겨 내야만 합니다. 하지만 당신이 여기까지 왔으므로 우리는 당신을 이대로 떠나게 할 수 없습니다. 우리는 당신에게 옷을 주고 도시로 안내할 것입니다. 당신은 친절한 파이아케스 인의 땅에 왔기 때문입니다. 우리의 왕은 유명한 알키노오스이며, 나는 그의 딸입니다."

그녀는 이렇게 말하며 하녀를 불렀다.

"이리 오너라! 왜 도망갔느냐? 이 사람은 나쁜 사람이 아니다. 단지 난파당해 우리의 도움이 필요한 불행한 사람일 뿐이다. 제우스는 우리에게 가난한 사람과 불행한 사람을 보낸다. 그러므로 우리는 그들을 위해 할 수 있는 데까지 도와줘야 한다."

소녀들은 그를 목욕할 만한 곳으로 안내했다. 그러고는 옷과 몸에 바를 기름을 주고 그가 씻을 수 있게 준비해 주었다.

오디세우스가 말했다.

"당신들처럼 아름다운 여자들 앞에서 몸을 보이는 게 부끄러우니 먼저 물러나 주십시오."

소녀들이 가자 오디세우스는 씻기 시작했다. 그의 넓은 가슴과 강한 팔을 온통 덮고 있는 소금을 물로 씻었다. 그는 얼굴에 물을 쏟아 붓고 곱슬머리에 윤기가 흐를 때까지 깨끗이 닦았다. 그러고 나서 몸에 기름을 바른 다음 옷을 입었다.

깨끗하고 좋은 옷으로 갈아입자 아무도 그를 알아볼 수 없었다. 항상 멋지고 위세 당당한 남자였던 그에게 아테나는 위엄과 고귀함을 더해 주었다. 그가 나타나자 소녀들은 모두 감탄하며 그를 바라보았다.

나우시카도 감탄하며 말했다.

"제우스가 우리 땅에 저분을 보냈구나. 처음 보았을 때는 흉한 꼴을 하고 있더니 지금은 마치 신과 같구나. 나를 아내로 맞을 남자는 저 사람과 같은 분일 거야! 애들아, 그에게 먹을 것과 마실 것을 드려라."

소녀들은 재빨리 오디세우스에게 음식과 포도주를 가져갔다. 며칠 동안 아무것도 먹지 못한 그는 마치 게눈 감추듯 순식간에 음식을 먹어치웠다.

그의 배고픔과 갈증이 사라졌을 때, 나우시카가 말했다.

"낯선 이여, 당신이 우리 아버지를 만날 수 있도록 나와 함께 도시로 올라가시지요. 그러나 다른 사람들 사이에 숨어서 우리 뒤를 따라오십시오. 집이 눈에 띄기 시작하면 숲에 숨어 있다가 잠시 뒤에 나오십시오. 사람들이 당신과 내가 함께 있는 것을 보면 안 됩니다. 파이아케스 인은 평화롭고 열심히 일하는 착한 사람들입니다. 그들이 관심을 갖는 것은 오로지 배와 노와 항해입니다. 저는 그들이 우리에 대해 서로 수군거리는 것을 원하지 않습니다.

'나우시카와 같이 오는 남자가 누구냐? 그녀는 어디서 그를 찾았을까? 남편감으로 생각하는 것 같아. 그는 조난당한 사람일까, 아니면 나우시카를 신부로 맞기 위해 하늘에서 내려온 신일까? 그가 누구이든 그는 분명히 이 나라 사람은 아니야. 그렇게 많은 파이아케스 인이, 우리 귀족의 아들들이 그녀와 결혼하려고 했는데, 결국 그들 모두를 거절하고 낯선 이를 선택해서 가 버렸어.'

그들이 만약 이런 말을 주고받는다면 제 마음은 정말 아플 거예요. 저는 먼저 부모님과 상의하지도 않고 남편을 선택하는 소녀들을 이해할 수 없습니다. 그러니 제가 말씀드린 장소에서 잠시 기다리다가 도시로 올라가십시오. 당신이 도시에 도착하면 제 아버지가 계시는 궁전을 물어보십시오. 어린아이들까지도 궁전이 있는 곳을 말해 줄 테니 찾기는 어렵지 않을 것입니다. 알키노오스 왕의 궁전에 도착하면, 당신은 안마당을 지나서 나의 어머니이신 아레테 왕비를 만날 때까지 방을 가로질러 가십시오. 어머니는 아마도 난롯가에 앉아 털실로 양모 공을 만들고 있을 것입니다. 그곳에서 왕좌에 앉아 포도주를 마시고 있는 아버지도 볼 수 있을 것입니다.

그렇지만 당신은 바로 왕비에게 가셔서 손을 그녀의 무릎에 얹고, 당신이 사랑하는 사람들을 만날 수 있도록 도와 달라고 부탁하십시오. 어머니가 당신에게 동정심을 갖게 되면, 당신 고향이 아무리 멀리 있다 하더라도 머지않아 당신이 그리워하는 고향으로 돌아갈 수 있을 겁니다."

말을 마치자 나우시카는 마차에 올라 노새들에게 채찍질을 하며 낯선 사람과 하녀들을 데리고 집을 향해 떠났다.

도시가 눈에 들어오자 오디세우스는 나우시카가 말했던 대로 마차에서 내렸다. 혼자가 된 그는 제우스의 딸 아테나를 향해 기도했다.

"무적의 여신이여, 당신은 포세이돈이 나를 물에 빠져 죽게 하려 할 때, 내 목소리를 듣지 못했습니다. 부디 지금은 제 말을 들어 주어, 파이아케스 사람들이 저에게 동정과 사랑을 베풀게 해 주십시오."

아테나는 그의 기도를 들었지만 그의 앞에 나타날 수는 없었다. 바다를 다스리는 위대한 신이 두려웠고, 그의 무자비한 분노가 라에르테스의 불행한 아들을 따라다닌다는 것을 알고 있었기 때문이다.

시간이 어느 정도 지나자 오디세우스는 도시를 향해 출발했다. 그가 중앙 문을 지났을 때 아테나는 그에게 길을 가르쳐 주러 왔다. 아테나는 여신 모습으로 나타나지 않고, 우연히 마주친 소녀 모습으로 나타났다.

오디세우스는 소녀를 보고 다가서며 말했다.

"나는 조난당한 사람이오. 이곳 왕에게 도움을 얻으려 하는데 어디로 가야 하는지 길을 알려 주시오."

소녀가 대답했다.

"저도 그 길로 가고 있어요. 우리 집이 그 근처에 있거든요. 제 뒤를 따라오세요. 제가 길을 안내할게요. 그렇지만 길에서 만나는 사람과 이야기를 나누지 마세요. 파이아케스 인은 자존심이 강한 사람들이니까요. 물론 그들은 모두 훌륭한 뱃사람들이어서, 새처럼 빠른 배를 타고 세상 구석구석 가 보지 않은 곳이 없어요."

그녀는 이렇게 말하면서 앞장섰고, 그는 그녀를 따라갔다. 여신은 파이아케스 사람들이 그를 볼 수 없게 안개로 가렸다.

알키노오스 궁전에서

그렇지만 오디세우스는 파이아케스 사람들과 도시를 볼 수 있었다. 그는 드넓게 펼쳐져 있는 항구와 배를 보고 감탄했다. 그리고 노인들이 서서 이야기를 나누고 있는 도시의 광장을 놀라운 눈으로 바라보았다.

그가 궁전에 닿았을 때, 아테나가 말했다.

"여기가 당신이 찾고 있는 궁전입니다. 두려워하지 말고 들어가세요. 아무리 멀리서 왔더라도 용기 있는 사람은 어려운 일을 잘 헤쳐 나가는 법입니다. 그렇지만 당신이 먼저 찾아야 하는 사람은 왕비라는 것을 잊으면 안 됩니다. 왕비의 이름은 '아레테'이며 그녀는 신의 피를 받고 태어났습니다. 우리의 알키노오스 왕은 한 번도 다른 여인을 사랑해 본 적이 없을 만큼 그녀를 소중히 여기고 있습니다. 사실 우리 모두 그녀를 존경하고 있답니다. 그녀는 어려움에 처해 도움을 청하는 사람이 나쁜 사람이 아니라면 절대로 그를 외면하지 않기 때문입니다. 그녀는 당신을 도와줄 것입니다."

아테나는 이 말을 마치고는 오디세우스를 떠났다.

그는 용기를 내어 궁전으로 들어갔다. 높이 솟은 성벽을 보고 놀라서 눈이 휘둥그레졌다. 청동으로 된 성벽 둘레에 둘러진 크리스털 띠가 햇빛을 받아 번쩍번쩍 빛났다. 문과 지붕은 순금으로 만들어졌다. 큰 현관에는 헤파이스토스가 만든, 잠들지 않는 수호자인 금색 개와 은색 개 두 마리가 서 있었다. 헤파이스토스는 그들에게 영원한 생명을 불어넣었다.

문턱을 넘어서자 궁전 안의 호화로움과 아름다움에 오디세우스는 더욱더 눈이 부셨다. 파이아케스 인의 지도

자들을 위해 아름답게 조각된 왕좌들이 벽에 기대어 놓여 있었으며, 우아한 받침대 위로 불타는 횃불을 높이 쳐 들고 있는 금으로 만든 청년상이 서 있었다.

이 모든 것을 감탄하며 구경하던 오디세우스는 마침내 왕과 왕비를 발견하고 그들에게 달려갔다. 그가 가까이 가자 아테나는 그의 주변을 가렸던 안개를 거두었다.

궁전 안에 있던 사람들은 기적같이 갑작스럽게 나타난 그를 놀란 눈으로 바라보았다. 오디세우스는 두 걸음 앞으로 나아가서 아레테 왕비의 무릎에 손을 올려놓고 애원했다.

"위대한 왕비시여, 저는 쓰라린 고통에서 벗어나기 위해 당신의 발 밑에 그리고 당신 남편인 파이아케스 인의 귀하신 왕의 발 밑에 엎드려 간절히 부탁드립니다. 저를 고향으로 보내 주십시오. 저는 여러 해 동안 폭풍우에 시달리며 가족들과 떨어져 있었습니다."

오디세우스는 자신의 불행한 이야기를 쏟아 놓고 난 뒤 난로에서 타고 남은 재를 모아 놓은 곳에 앉았다. 침묵이 흘렀다. 마침내 지혜로움으로 모든 사람의 존경을 받는 에켄쿠스가 침묵을 깨뜨리며 일어나 말했다.

"알키노오스 왕이시여, 손님을 재 위에 앉히는 것은 옳

은 일이 아니라 생각합니다. 아무도 그 말을 하지 않은 것은, 우리 모두 당신이 현명하게 행동하시리라 생각했기 때문입니다. 그러니 지금이라도 그를 은 장식이 있는 왕좌에 앉도록 하십시오. 그러고 나서 여기 있는 모든 사람에게 포도주를 따르도록 하십시오. 그래야 우리는 안식처를 찾는 사람들의 보호자인 제우스에게 술을 올릴 수 있습니다."

도움을 주다

이에 알키노오스는 일어나 오디세우스의 손을 잡고 자신의 옆 왕좌에 앉혔다. 그 자리는 자신이 사랑하는 아들 라오다마스의 자리였다.

손님을 위해 상이 차려졌고, 모든 잔에 포도주가 부어졌다. 그들 모두 제우스에게 술을 올리고 나서 낯선 방문객이 만족스럽게 식사를 마치자 왕이 일어나 말했다.

"파이아케스 인의 지도자들이여, 들으시오. 지금은 모두 잠자리에 들어야 할 시간이오. 내일 아침, 다른 귀족들도 모두 모인 자리에서 우리는 이 불행한 친구를 위해 제우스가 원하는 환영식을 할 것입니다. 신들을 기념하기 위해 두 마리의 소를 잡고 성대한 잔치를 벌인 다음, 손님을 그의 고향과 사랑하는 사람들에게 보내는 방법에 대해 의논하도록 합시다. 물론 그가 우리에게 온 신이 아닐지라도, 우리는 그를 위해 우리 것을 함께 나누어야 합니다. 인간은 신들의 자손이기 때문입니다. 마치 키클로프스들이 신의 자손인 것처럼 말입니다."

오디세우스가 대답했다.

"귀하신 알키노오스 왕이여, 저를 신들과 비교하지 마시고 아주 불행한 사람들과 비교하십시오. 신들은 인간들이 생각하는 것보다 훨씬 강하고 잔인한 방법으로 저를 다루었습니다. 동이 트면 저를 제가 온 곳으로 보내 주시기 바랍니다. 제 소망은 사랑하는 사람들을 만나는 것입니다."

그의 말에 모든 사람들은 감동했고, 모두들 그를 돕고 싶은 마음으로 가득 찼다.

귀족들이 집으로 돌아가고 나서 오디세우스는 알키노오스와 아레테와 함께 남게 되었다. 아레테는 나그네가 입고 있는 옷이 자신이 만든 옷이라는 사실을 알고는 그에게 물었다.

"묻고 싶은 게 있어요. 당신은 어디서 왔지요? 어떻게 우리 섬에 닿았고, 누가 당신에게 옷을 주었지요? 당신은 바다 위에서 떠다녔다고 말하지 않았던가요?"

오디세우스가 대답했다.

"왕비시여, 신이 저에게 준 고통을 모두 이야기하는 것은 어려운 일입니다. 그러나 이곳에 오기까지 제가 겪은 일들은 말할 수 있습니다."

그는 칼립소 섬에서부터 파이아케스 해변에 벌거벗은 채 내던져졌을 때까지의 일을 모두 이야기했다. 또한 나우시카가 자신에게 보여 준 친절과 지금 입고 있는 옷을 그녀가 주었다는 것도 빼놓지 않고 말했다.

"모든 것을 다 말씀드렸습니다. 비록 제가 겪은 일을 다시 떠올리는 것은 괴로웠지만……."

알키노오스가 그의 말에 끼어들었다.

"나그네여, 당신은 내 딸이 친절하다고는 했지만, 길도 모르는데 당신 혼자 여기에 오게 했던 것은 내 딸의 잘못이었소."

오디세우스는 그의 세심한 배려로 나우시카가 난처한 처지에 놓이지 않도록 그녀 편을 들었다.

"왕이시여, 따님의 잘못이 아니라 그것은 제가 원한 것입니다. 왕께서 낯선 사람과 따님이 함께 있는 걸 보시면 불쾌하게 여기실 거라 생각했기 때문입니다."

알키노오스가 온화한 목소리로 대답했다.

"나그네여, 나는 이유 없이 화를 내지는 않소. 당신은 무척 분별 있는 사람인 것 같은데, 나는 당신이 내 딸과 결혼하여 내 사위가 되었으면 좋겠소. 그러나 나는 당신을 이곳에 계속 붙잡아 둘 수 없다는 것을 알고 있소. 그러니 내일 아침 일찍 당신이 편안하고 안전하게 고향으로 갈 수 있도록 모든 것을 철저하게 준비해 주겠소. 우리 배는 에우보이아 같은 먼 곳도 하루 만에 갈 수 있는 빠른 배요. 참, 당신은 곧 내가 가진 훌륭한 함대와 선원들을 직접 보게 될 텐데 내가 괜한 말을 했구려."

다음 날 아침 일찍, 도시의 큰 광장에 많은 사람이 모였다. 알키노오스 왕은 오디세우스를 귀족들에게 소개했다.

"파이아케스 인의 지도자여, 들으시오. 아직 이름은 모르지만 이 나그네가 파도에 실려 우리에게 왔소. 그리고 그의 나라로 돌아갈 수 있게 도와 달라고 청하고 있소. 우리는 자기 고향으로 돌아가고자 도움을 청하는 사람을 한 번도 거절한 적이 없소. 그러므로 훌륭하고 빠른 배를 물에 띄우고 쉰 명의 튼튼한 선원을 뽑아 내일 그를 집으로 보내고자 하오. 그동안 우리는 모두 궁전으로 가서 그를 대접하도록 합시다. 음유 시인 데모도코스를 불러 오시오. 그가 달콤한 목소리로 노래하면 우리 모두와 나그네의 마음이 편안해질 것이오."

그들은 함께 궁전으로 갔다. 곧 데모도코스가 불려 왔다. 그는 뮤즈로부터 훌륭한 목소리를 선물받았으며 또한 눈이 멀게 되는 고통도 받았다.

전령은 데모도코스를 큰 홀로 인도하여 그가 등을 기댈 수 있도록 긴 기둥 옆에 있는 은으로 장식된 의자에 앉혔다. 그리고 하프를 그의 머리 뒤에 있는 못에 걸어 주고, 하프를 내리고 싶을 때 손을 뻗칠 수 있는 곳을 가르쳐 주었다.

충분히 먹고 마신 사람들은 데모도코스의 노래를 들으며 감동했다. 데모도코스는 다시 하프를 내려, 그리스 사람들이 트로이에 막 도착하던 때와 오디세우스와 아킬레우스의 격렬했던 싸움에 대해 노래하기 시작했다.

오디세우스는 가수의 노래를 들으면서 눈물을 감출 수가 없었다. 그는 우는 모습을 다른 사람들에게 보이지 않기 위해 옷 사이로 얼굴을 묻었다. 노래가 끝나자 오디세우스는 눈물을 닦고 고개를 저었다. 그러나 귀족들은 가수가 트로이 전쟁에 대한 노래를 더 불러 주기를 원했다.

데모도코스가 다시 하프를 들자 오디세우스는 또 한 번 자신의 얼굴을 가렸다. 알키노오스를 제외하고는 아무도 그의 행동을 눈치채지 못했다. 알키노오스는 오디세우스 가까이에 앉아 그가 흐느끼는 것을 들었다. 그때 친절하게도 알키노오스 왕이 일어나 사람들에게 말했다.

"우리는 지금 만찬과 좋은 노래를 즐겼습니다. 이제 가서 게임과 운동을 즐깁시다. 우리의 손님이 고향으로 안전하게 돌아가면, 파이아케스 사람들이 운동에 뛰어나다는 것을 말할 수 있게 되기를 바랍니다."

행동을 시작한 오디세우스

모든 사람이 왕의 제안에 따랐다. 곧 게임이 시작되었으며 많은 젊은이가 참가했다. 알키노오스의 아들들도 참가했다. 그중 라오다마스는 권투 경기에서 승리했다. 라오다마스는 다른 사람들을 향해 오디세우스와 한번 게임을 해봐도 되겠느냐고 물었다.

그러고는 다시 이렇게 덧붙였다.

"온갖 고생을 다 했는데도 그의 몸이 좋아 보이는군요. 그렇지만 그가 아무리 튼튼하다 해도 오랜 항해로 지쳐 있을지도 모르겠군요."

모두 찬성하자, 라오다마스는 오디세우스에게 게임에 함께 참여하면서 고통을 떨쳐 버리라고 말했다.

오디세우스가 대답했다.

"내가 겪은 고통은 쉽게 잊혀질 만한 게 아닙니다. 부탁이니, 제발 나를 그냥 내버려 두세요. 내가 원하는 것은 하루라도 빨리 내 나라로 돌아가는 것뿐입니다."

레슬링 경기에서 이긴 귀족 에우리알로스는 그의 딱한 사정은 생각하지도 않고 그저 생각 없이 말했다.

"나그네여, 당신은 게임을 즐기려고 하는 것 같아 보이지 않는군요. 나는 당신을 장사꾼이라 여기겠소. 그들은 물건들을 가지고 이익을 내는 데만 몰두해 있고 방법에는 관심이 없죠. 당신과 같은 사람에겐 운동이 어울리지 않아."

오디세우스는 화난 얼굴로 그를 쳐다보며 대답했다.

"당신은 태도가 무척 불손하군요. 신은 한 사람에게 뛰어난 외모와 지혜로움, 힘, 화술 등 귀하고 좋은 것을 함께 주지 않지요. 예를 들어 어떤 사람은 별로 잘생기지 않았지만, 그가 말을 시작하면 사람들은 마치 신이 말하는 것을 듣는 것처럼 그의 말 하나하나에 귀 기울여 듣는 것을 볼 수 있소. 또 어떤 사람은 멋지게 생겼는데도 말에 품위가 없소. 당신은 신이 질투할 정도로 잘생겼지만 머리는 비었소. 당신이 불손한 태도로 내 기분을 상하게 했지만, 나는 당신이 생각하는 그런 종류의 사람이 아니라는 것을 보여 주겠소. 전쟁과 바다에서 겪은 슬픔과 고통이 나를 지치게 했지만 아직 내겐 힘이 남아 있소. 나도 예전엔 월계관을 받은 만큼 뛰어난 운동 선수였소. 당신의 모욕에 기분이 좋지 않지만 한번 겨뤄 봅시다."

그러고 나서 오디세우스는 자리에서 일어나, 파이아케스 선수들이 던진 것보다 훨씬 크고 무거운 원반을 잡았다. 그는 원반을 힘껏 던졌다. 휘파람 소리를 내며 날아간 원반은 하늘로 높이 솟아 멀리 떨어졌다. 그때 젊은이 모습으로 변장한 아테나가 얼른 뛰어가서 원반이 떨어진 자리에 표시를 했다.

아테나가 소리쳤다.

"장님도 원반의 움푹 파인 자국을 알아볼 수 있겠어요. 자국이 아주 깊어서 다른 사람들의 자국과는 분명히 구별됩니다. 축하합니다, 나그네여. 여기 있는 사람들 중 당신과 대적할 사람은 아무도 없습니다."

오디세우스는 사람들의 축하 인사를 받으며 파이아케스 인과의 경기에 참여하기로 했다.

"언제든지 도전하시오. 다음에는 지금보다 더 멀리 던질 것이오. 내가 당신들과 승부를 겨루는 것은 순전히 에우리알로스 때문이오. 레슬링, 권투, 달리기 혹은 당신들이 할 수 있는 모든 경기에서 나와 겨룰 자는 누구요? 라오

다마스와의 대결은 사양하겠습니다. 저에게 친절하게 해 준 분에게 도전하는 것은 예의가 아니지요. 그렇지만 나머지 도전자들과는 대결할 준비가 되어 있습니다. 내가 여기 있는 어느 누구와도 적수가 될 수 없다는 것을 보여 줄 것입니다.

나에게 활을 주시오. 내 목표는 항상 적의 대장이었소. 트로이 전쟁터에서 필로크테테스만이 나보다 멀리 쏘았을 뿐입니다. 하지만 달리기 경주는 자신 없습니다. 몇 년 동안 바닷물에 시달려서 근육이 약해졌기 때문입니다."

파이아케스 사람들은 조용히 그의 이야기를 듣고 있었다. 그러다가 마침내 알키노오스가 말했다.

"당신은 충분히 그렇게 말할 권리가 있습니다. 당신은 모욕을 당한 만큼 당신의 용기를 보여 주고 싶을 겁니다. 우리 중에 아무도 감히 당신에게 함부로 말할 수 있는 사람은 없소. 당신은 재주와 경험이 많으니 저녁 식사를 할 때 우리를 즐겁게 할 이야기 한두 가지쯤은 있겠지요?

제우스는 파이아케스 인에게 많은 능력을 주었소. 우리는 레슬링이나 권투 경기에서는 최고가 아니지만, 달리고 노를 젓고 배와 관련된 일에서는 누구도 대적할 사람이 없습니다. 우리는 춤추고 노래하고 즐겁게 노는 것을 좋아합니다. 또 좋은 옷과 따뜻한 목욕, 편안한 잠자리를 좋아합니다. 자, 이제 최고의 무용수들은 나오시오. 누가 궁전으로 달려가 데모도코스의 하프를 가져오게 하시오."

데모도코스가 도착했고, 그들은 즉석에서 무도회장을 만들기 위해 한 걸음씩 비켜 섰다. 데모도코스가 가운데 서고, 젊은이들은 손을 잡고 그 주위를 둘러싸 원을 이루었다. 하프 연주가 시작되자마자 그들은 모두 발을 구르며 춤을 추기 시작했다.

데모도코스는 두 번째 연주를 시작하며 신들에 대해 노래했다. 아레스가 자신의 넋을 빼앗은 아프로디테와 어떻게 사랑에 빠졌는지 그리고 그녀의 남편 헤파이스토스가 어떻게 보이지 않는 그물로 두 사람을 잡게 되었는지 노래했다.

오디세우스와 파이아케스 사람들은 데모도코스의 노래를 들으며 즐거워했다. 알키노오스는 두 아들인 할리우스와 라오다마스에게 훌륭한 춤 솜씨를 보여 달라고 말했다. 그러자 한 사람이 먼저 빨간 공을 들고 몸을 구부리며 그것을 공중에 높이 던졌다. 그때 다른 사람이 뛰어올라 발이 땅에 다시 닿기 전에 공을 잡았다. 그리고 나서 그들은 빠른 동작으로 자리를 바꾸면서 춤을 추기 시작했다. 주위에 있던 모든 사람들은 손뼉을 치며 즐거워했다.

두 형제의 재주를 보며 오디세우스가 알키노오스에게 큰 소리로 말했다.

"어떤 아버지라도 자랑스러워 할 아들들입니다. 보는 것만으로도 놀랍기 그지없군요."

알키노오스는 오디세우스의 칭찬에 기분이 좋아져서 귀족들을 향해 말했다.

"모두 들으시오. 여기 열두 분의 귀족이 있으니 나까지 열세 명이 되겠군. 여러분 모두 각각 옷 한 벌과 1달란트의 금을 가져오시오. 그리고 그것을 모두 이 귀한 손님에게 드립시다. 에우리알로스는 나그네에게 용서를 빌게. 그리고 아까 실수한 말의 대가로 다른 선물을 더 가져와야 하네."

사람들 모두 왕의 말에 동의했으며, 에우리알로스도 순

순히 대답했다.

"알키노오스 왕이여, 기꺼이 그렇게 하겠습니다. 저는 그에게 은 손잡이가 있는 칼을 주겠습니다. 물론 상아로 만든 칼집도 함께 주겠습니다."

그는 어깨에서 칼을 풀어 오디세우스 앞에 놓으며 말했다.

"나그네여, 그대는 충분히 이 선물을 받을 가치가 있는 분입니다. 내가 당신에게 했던 심한 행동은 바람에 날려 보내듯 잊어버리세요. 나는 당신이 집까지 안전한 여행을 하고 사랑하는 부인을 만나게 되기를 바랍니다. 그리고 타국에서 겪었던 고통들은 하루 빨리 기억 저편으로 사라지기 바랍니다."

오디세우스가 그의 말을 받아 대답했다.

"고맙소, 에우리알로스. 나 또한 신이 당신이 원하는 것을 모두 이루게 하시고, 또 당신이 준 칼을 절대 잃어버리지 않도록 해 달라고 빌겠소."

이렇게 말하면서 오디세우스는 어깨에 칼을 메었다.

해가 서쪽으로 질 무렵 귀족들은 하나둘씩 선물을 가져

왔다. 알키노오스의 아들들이 그것을 궁전으로 가져가기 위해 모았다.

그때 마침 그곳을 지나가는 아레테 왕비를 보고 알키노오스가 말했다.

"우리가 가진 것 중에서 가장 크고 좋은 가방과 외투와 속옷을 가져다주세요. 모두 나그네에게 줄 거랍니다. 그가 보고 기뻐할 만한 다른 선물들도 주어야 해요. 나는 순금으로 된 이 컵을 선물할 거예요. 신에게 술을 바칠 때 사용하면 그가 살아 있는 동안 이 컵을 보면서 나를 오랫동안 기억할 겁니다."

잠시 뒤 아레테는 오디세우스가 보는 앞에서 선물들을 모두 펼쳐 놓았다. 오디세우스는 몹시 기뻐하며 그들의 친절함에 깊은 감동을 받았다.

왕비는 오디세우스에게 직접 선물을 가방 안에 넣고 뚜껑을 단단히 닫으라고 말했다. 마지막으로 그녀는 하녀에게 그가 목욕할 수 있도록 준비하라고 명령했다.

오디세우스는 깨끗이 씻고 새 옷으로 갈아입은 다음, 사람들이 모여서 포도주를 마시고 있는 넓은 방으로 걸어

갔다. 그때 우연히 나우시카를 만나게 되었다. 나우시카가 그를 불러 세우고 말했다.

"나그네여, 신이 당신과 함께하기를. 그리고 당신이 어디에 있든지, 당신이 어려울 때 당신을 도왔던 소녀를 잊지 마세요."

"나우시카, 당신은 훌륭한 아버지 밑에서 자란 귀하고 진실한 딸이오. 제우스 신께서 내가 고향으로 돌아갈 수 있도록 허락해 주신다면 고향에서 당신의 이름을 여신처럼 칭송할 것이오."

그러고 나서 그는 알키노오스 옆자리로 가서 앉았다.

하인들은 끊임없이 고기를 자르고 컵에 포도주를 채웠다. 전령은 데모도코스를 기둥에 등을 기댈 수 있도록 인도해서 그를 앉혔다. 오디세우스는 전령을 불러 자기 앞에 놓인 구운 고기에서 가장 좋은 부분을 잘라 데모도코스에게 주도록 했다.

그러고는 이렇게 말했다.

"뮤즈가 가장 사랑하며, 모든 사람의 명예와 존경을 받을 가치가 있는 음유 시인에게 불행한 한 사람이 진심에서 우러나오는 마음으로 드리는 거라고 전해 주시오."

데모도코스는 자신에 대한 나그네의 존경심에 무척 기분이 좋았다.

게다가 연회가 끝나고 오디세우스가 직접 자신에게로 와서 말을 하자 더욱 기뻐했다.

"데모도코스, 나는 아폴론과 뮤즈가 당신에게 내려 준 예술에 진심으로 감탄합니다. 당신은 트로이에 있었던 그리스 사람들의 고통을 마치 당신이 그들과 함께 있었던 것처럼 정열적으로 노래했소. 내가 부탁 하나 해도 되겠소? 에페이오스가 아테나의 도움으로 만든 목마에 대해 노래해 주겠소? 오디세우스가 트로이의 높은 성벽 안으로 들어갈 수 있도록 비밀리에 만들어진, 그리하여 일리아드의 멸망을 가져온 그 목마 말이오. 만약 당신이 그때 일을 있는 그대로 모든 것을 노래한다면, 나는 이 세상에 당신처럼 위대한 가수는 없다고 세상에 알려 줄 것이오."

그가 이 말을 채 끝내기도 전에 데모도코스가 노래를 하기 시작했다. 그의 목소리는 마치 신의 목소리 같았다.

오디세우스는 깊은 감동으로 하염없이 눈물을 흘렸다.

알키노오스는 그가 우는 것을 보고 서둘러 귀족들에게 말했다.

"하프를 내려놓을 시간이 되었소. 그의 노래는 우리 모두를 우울하게 만드는구려. 데모도코스가 노래를 시작하는 순간부터 우리의 손님은 눈물을 멈추지 않고 있소. 아마도 깊은 슬픔이 그를 괴롭히는 것 같소. 우리가 그와 슬픔을 함께하면 우리는 형제가 되는 것이오.

그러니 친애하는 친구여, 당신을 괴롭히는 것이 무엇인지 우리에게 이야기하시오. 먼저 당신의 이름부터 알려 주시오. 당신의 아버지와 어머니가 부르는 그 이름 말이오. 이 세상에 이름이 없는 사람은 없으니까요. 그래야 우리는 당신의 출신을 알고 그곳으로 배를 태워 돌려 보낼 수 있지 않겠소. 내 아버지는 나에게 길 잃은 여행자들을 모두 고향으로 돌려 보내면 포세이돈이 화를 낼 거라고 경고했소. 그리하여 우리가 보낸 배가 돌아왔을 때, 포세이돈은 반드시 그 배를 부수어 버릴 거라고 말했소. 그리고 마침내 우리의 섬을 산으로 에워싸 버릴 거라고 말이오.

그러나 나는 그런 걱정은 하지 않고 신의 의지대로 하라고 말합니다. 나그네여, 당신은 어디를 방황했습니까? 어떤 도시들을 보았습니까? 당신이 함께했던 모든 민족 중에 어떤 민족이 가장 명예롭고 정의로우며, 또 어떤 민족이 야만적인지, 왜 당신은 트로이에서 그리스 사람들의 고통에 대해 노래하는 것을 들을 때마다 울고 탄식합니까?"

모험 이야기를 하는 오디세우스

그러자 오디세우스는 이야기를 시작했다.

"알키노오스 왕이여, 사람들이 평화롭게 살아가는 곳, 왕을 찾아온 손님이 잘 차려진 식탁에 앉아 훌륭한 가수의 노래를 들을 수 있는 곳보다 더 좋은 곳이 어디 있겠습니까? 이 행복 속에서도 당신은 나의 슬픈 이야기를 들으려 합니다. 물론 내 눈에서는 또 눈물이 흐르겠지만요.

신들이 너무나 많은 슬픔을 나에게 쏟아부어 어디서부터 이야기를 시작해야 할지 모르겠습니다. 먼저 제 이름을 밝히겠습니다. 저는 라에르테스의 아들 오디세우스입니다. 모든 세상 사람들은 나의 좋은 성격과 많은 재능을 칭찬하지만, 신들은 나를 질투해 왔습니다.

내 고향은 용감한 동료들이 태어난 곳과 같은 이타케입니다. 그곳은 돌이 많은 험한 땅이지만 나는 그곳을 사랑합니다. 나는 끝없는 방황으로 세계를 돌아다녀 보았지만, 내 조국보다 더 좋은 곳을 결코 보지 못했습니다. 그런데 아름다운 여신 칼립소는 내가 그녀의 남편이 되기를 원하면서 나를 곁에 붙들어 두려고 했습니다.

마법사 키르케 또한 나의 사랑을 얻기 위해 자신의 궁전에 나를 가두었습니다. 그러나 둘 다 내 마음을 돌릴 수는 없었습니다. 내겐 이 세상에 집과 가족보다 더 사랑하는 것은 없습니다. 트로이에서 고향으로 돌아가기 위해 항해하는 동안 제우스 신이 내 앞에 가로막아 놓은 장애물들에 대해 말하자면 많은 시간이 걸립니다.

키코니안과 로토스를 먹는 자들

동료들과 내가 배를 타고 항해를 시작했을 때, 바람은 우리를 키콘족의 땅으로 데려갔습니다. 그들은 트로이를 도와 우리와 싸웠던 적이었어요. 우리는 그들의 도시 이스마로스를 약탈하기로 결정내리고, 갑자기 습격하여 엄청나게 많은 약탈물과 노예를 차지했습니다. 그러고는 동료들과 공평하게 나누어 가졌습니다. 그러고 나서 떠날 시간이 되어 나는 동료들에게 빨리 떠나자고 했습니다.

그러나 어리석은 동료들은 내 말을 듣지 않고 모래 위에 주저앉아서 양과 소를 잡아 쇠꼬챙이에 끼워 식사를 준비하기 시작했습니다. 그리고 그들은 물을 타지 않은 독한 포도주를 꿀꺽꿀꺽 들이켰어요.

그날 우리는 바닷가에서 밤을 보내게 되었지요. 그런데 거기서 잔혹한 운명이 우리를 기다리고 있었던 것입니다. 우리가 약탈한 도시의 키콘족은 일단 산으로 도망쳤다가 다른 부족들에게 도움을 요청했지요. 그들은 훨씬 더 숫자가 많고 더 용감하고 전술이 뛰어난 부족이었지요.

몰래 내려와 숨어 있던 그들은 배를 공격할 수 있는 거리까지 오자 한꺼번에 우르르 몰려들었어요. 신호가 울림과 동시에 갑자기 창을 들이대며 우리 주변을 둘러쌌어요. 수천 명이나 되는 그들과 맞서 우리는 용감하게 싸웠고, 그들과 만에서 대치할 때는 방패와 방패를 이어서 완강하게 버텼어요.

해가 서쪽으로 기울기 시작하면서 전세는 점점 키콘족에게 기울었어요. 우리는 여섯 명의 용감한 동료를 잃었고, 간신히 죽음의 늪에서 벗어날 수 있었지요. 우리는 겨우 배 위로 기어올라 전속력을 내어 그곳을 빠져 나오면서 잃어버린 동료들을 위해 기도했어요. 그러나 우리가 그들의 이름을 세 번도 채 부르지 못했을 때 제우스는 하늘을 뒤덮은 안개와 함께 우리 함대를 향해 거센 북풍을 보냈어요.

배는 바람에 가라앉고 돛은 강풍 때문에 갈기갈기 찢어졌지요. 우리는 우리에게 남겨진 얼마 안 되는 것만 갖고 노를 젓기 시작했어요. 그리고 바다에 빠져 죽지 않기 위해 바닷가로 다시 뱃머리를 돌렸어요. 거기서 우리는 이틀을 꼬박 머물면서 밤낮으로 찢어진 돛을 꿰매고, 사흘째 되는 날 다시 배에 올라 그곳을 떠났어요.

우리는 다시 순풍을 받으며 안전하게 집으로 가리라고 확신했어요. 그러나 마레아 곶을 돌 때 다시 우리를 넓은 바다로 밀어내려는 강한 북풍을 만났어요.

우리는 9일 동안이나 역풍을 받았고, 열흘째 되는 날 마침내 로토스를 먹는 자들의 나라에 닿았어요. 우리는 그곳이 어디인지 잘 몰랐어요. 그래서 그곳에 어떤 사람들이 살고 있는지 알아보기 위해 세 명의 동료를 보냈어요.

그들은 얼마 뒤에 우연히 원주민들을 만났어요. 그들은 내 부하들을 해치지는 않았지만, 이상한 열매를 주며 맛을 보라고 했습니다. 그러나 부하들은 그것을 먹자마자 집과 동료들을 모두 잊어버리고, 그들의 땅에 머물며 꿀처럼 달콤한 그 과일을 먹으면서 살고 싶어하게 되었어요. 그들은 벌써 마음에서 우리에 대한 생각을 깨끗이 지워 버렸는데도 우리는 언제까지나 그들이 돌아오기만을 기다리고 있었지요.

결국 나는 몇 명의 동료와 함께 로토스를 먹는 자들과 함께 있는 동료들을 찾아냈어요. 그들은 내가 누군지 까맣게 잊어버리고, 내가 마치 우연히 그곳을 지나가는 나그네로 알고 나에게 과일을 주었어요.

다행히 신들이 나를 버리지 않아, 나는 과일을 먹으면

내 나라와 동료들을 잊어버리게 된다는 것을 깨달았어요.
나는 아무 말도 없이 무조건 그들에게 달려들어 배로 끌

고 왔어요. 그들은 끌려오는 내내 어린아이처럼 울었지요. 우리는 배로 돌아오자마자 그들을 꼼짝 못 하게 묶었어요. 그러고 나서 나는 동료들에게 전속력으로 나가라고 소리쳤어요.

무거운 마음으로 다시 바다로 나간 지 며칠이 지났을 때, 우리는 이마 한가운데에 눈이 하나밖에 없는 거대하고 무서운 거인 키클로프스들이 사는 땅에 도착했어요. 그들은 곡식을 얻기 위해 밭을 갈거나 씨를 뿌리지 않았어요. 밀, 보리, 포도 등 원하는 것은 무엇이든지 저절로 자랐으니까요. 그들은 어떤 문제나 법에 대해 토의하기 위해 서로 만나지 않았어요.

그들은 산꼭대기에 있는 동굴에서 각각 떨어져 살았으며, 각자 자기 일에만 관심이 있었어요. 그들은 이웃에 대해서는 아무 관심도 없었어요.

항구를 지나면 아름다운 녹색 섬이 있었고, 사람도 없는 그곳에는 야생 염소들만 가득했어요. 또한 그 섬에는 눈에 띄지 않는 작은 만이 있어서 닻을 걸 수 있는 돌이나 굵은 밧줄이 필요 없었지요. 그저 다시 바다로 나가고 싶을 때까지 배를 바닷가에 그냥 내버려 두면 되었어요. 그곳은 키클로프스가 사는 곳에서부터 돌을 던지면 닿을 만한 가까운 거리였으나, 그들은 한 번도 건너다닌 적이 없었고 다른 곳들도 마찬가지였어요. 그들은 배도 없었고, 바다도 좋아하지 않았기 때문이지요.

우리는 밤에 몰래 이 만으로 들어갔어요. 만의 꼭대기에는 동굴이 하나 있었는데, 그 옆에는 맑은 물이 솟아 나오는 샘이 있었어요. 그리고 주변에는 큰 포플러 나무들이 자라고 있었어요. 우리는 경사진 곳을 기어올라서 아름답고 안전한 그곳에서 밤을 보냈어요.

동이 틀 무렵, 우리는 일어나 야생 염소를 사냥하러 갔어요. 신은 우리 편이어서 사냥은 성공적이었어요. 우리는 열두 척의 배를 가지고 있었는데, 배마다 염소를 아홉 마리씩이나 실었지요. 그리고 마지막 한 마리는 동료들이 내 배에 실어 주었어요. 우리는 하루 종일 신선한 고기를 먹었고 포도주도 마셨어요. 이스마로스에서 약탈한 포도주가 배에 많이 남아 있었거든요.

우리가 있는 곳에서 반대쪽으로 키클로프스의 땅이 보

였으며, 양과 염소들이 우는 소리와 섞여 들려 오는 그들의 소리를 들을 수 있었어요. 다음 날 나는 동료들에게 말했어요.

'당신들은 여기에 있어요. 나는 선원들과 함께 배를 타고 가서 저곳에 어떤 종족이 살고 있는지 알아보고 오겠소. 그들이 야만적인지 미개한지, 혹은 신들을 존중하는지, 나그네에게 친절한지 말이오.'

그리하여 나는 선원들과 배에 올라타서 마주 보이는 바닷가를 향해 갔어요. 그때 바닷가에서 멀지 않은 곳에 있는 동굴을 보았어요. 동굴은 크고 넓었으며 주변에는 양과 염소 떼가 쉬고 있었어요.

나머지 동료들은 배에 그냥 남겨 둔 채, 나는 가장 힘이 세고 용감한 열두 명의 선원을 뽑아 그쪽으로 갔어요. 우리는 염소 가죽으로 만든 부대에 포도주를 가득 담아 가지고 갔는데, 그 포도주는 너무 독해서 많은 양의 물을 섞어 마셔야 했어요. 아름다운 루비색을 띤 그 포도주는 한 번 마시면 그 달콤한 향기 때문에 컵에서 입술을 뗄 수 없게 만들지요. 그 포도주는 우리가 마시기 위해 가져간 게 아니라, 혹시라도 거대하고 야만적인 사람을 만나는 것에 대비해서 준비한 것이었어요.

젊은이, 당신은 누구요?

우리는 한 키클로프스가 초원에서 양을 돌보고 있는 동안 그의 동굴 안으로 들어가 보았어요. 그곳은 산속 깊숙이 들어갈 정도로 넓고 깊었으며, 안에는 가축을 기르는 돌로 만든 축사까지 있었어요. 한쪽에는 치즈 더미와 유장(우유에서 단백질과 지방을 뺀 액체)으로 가득 찬 큰 항아리와 젖을 짤 때 사용하는 빈 튜브와 들통들이 있었어요.

동료들은 무척 놀라워하며, 치즈와 양과 염소 한두 마리를 가져가자고 말했어요. 나는 한마디로 그들의 청을 거절했어요. 남의 것을 훔치는 것보다는 키클로프스가 우리에게 얼마나 호의적인지 먼저 알아보고 싶었으니까요. 그러나 그때 부하들의 말을 들어야 했어요. 우리는 치즈를 몇 개 먹고 난 뒤 앉아서 동굴의 주인을 기다렸어요.

드디어 동굴 안으로 들어온 키클로프스는 거대한 장작 더미를 가져와서 동굴 바닥에 던졌어요. 소리가 얼마나 큰지 동굴 전체가 흔들릴 정도였어요. 우리는 너무나 무서워 벌벌 떨면서 어두운 구석으로 물러나 있었어요. 그는 잠시 뒤에 암양을 몰고 와서 젖을 짜기 시작했고, 숫양과 숫염소는 밖에 두었어요.

그러고는 다시 동굴 입구로 가서 어마어마하게 크고 무거운 바위를 맨손으로 집어 들더니 아주 쉽게 동굴 입구를 막아 버렸어요. 그는 어린 새끼 양이 어미 양의 젖을 빨도록 넣어 주었고, 우유로 치즈를 만들었소. 모든 일이 끝나자 그는 불을 피웠어요. 그 불꽃이 우리가 숨어 있는 구석을 비추는 바람에 우리는 들켰지요.

그는 으르렁거리듯 말했어요.

'당신들은 누구야? 어떻게 여길 들어왔지? 장사꾼들인가, 아니면 남의 물건을 훔쳐 가는 해적들인가? 그것도 아니면 혹시 싸우려고 온 건가?'

굵고 거친 목소리로 화를 내는 그가 몹시 두려웠지만, 나는 겨우 일어나 그에게 말했어요.

"우리는 길을 잃은 그리스 인이고 위대한 아가멤논의 전사들이오. 우리는 트로이에서 집으로 가던 중이었는데,

신이 보낸 역풍으로 지금 이렇게 당신 발 밑에 있게 된 거요. 그러니 부디 우리를 도와주시오. 세상 어느 곳에서든지 여행자에게 그렇게 해 주기를 위대한 제우스가 원하는 것처럼, 당신도 우리에게 음식과 잠자리를 주기 바라오."

그는 냉정한 말로 우리에게 대답했지요.

"조그마한 친구, 당신은 바보로군. 아니면 당신은 너무 멀리서 와서 키클로프스가 제우스나 다른 신을 무서워하지 않는다는 것을 들어 본 적이 없나 보군. 우리의 힘은 무시무시하며, 포세이돈의 아들인 나 폴리페모스는 우리 중에 가장 힘이 세지. 신조차 나를 두려워할 정도니까! 그렇지만 당신의 배가 어디에 있는지 말한다면 당신들을 도와줄 수도 있지. 그저 단순히 호기심이 생겨서 그럴 뿐이야."

물론 나는 그가 원하는 것을 쉽게 들어 줄 정도로 그렇게 바보는 아니었어요.

"맙소사, 우리 배는 부서져 버렸소. 포세이돈이 배를 바위에 던져 버리는 바람에 산산조각이 나 버렸소. 나와 몇 친구만 겨우 탈출했소."

거인은 내 말에 아무 대답도 하지 않았어요. 그런데 그가 내 동료들을 샅샅이 훑어보더니, 그만 소름끼칠 정도로 잔인한 짓을 했어요. 그 거대한 털북숭이 손을 내밀어 우리들 중 두 명을 잡더니, 마치 문어를 죽이듯이 그들을 죽였지요. 그 사이 우리는 거의 사색이 되어 제우스를 향해 간절히 기도했어요. 신이 우리의 기도를 들었는지 그는 곧 양들 사이에 끼여 깊은 잠에 빠졌어요. 그때 내가 해야 할 일은 칼을 빼서 그를 찌르는 거였지요. 그러나 내가 그를 죽인다 해도 우리는 죽음의 감옥을 벗어날 수 없다는 생각이 들었어요. 왜냐하면 동굴 입구를 막고 있는 돌을 움직일 방법을 몰랐던 거예요.

우리는 동이 틀 때까지 기다렸어요. 햇빛이 들자, 그는 일어나 불을 피우고 양과 염소의 젖을 짠 다음 다시 새끼들이 어미 젖을 빨도록 해 주었어요. 그러고는 내 동료 두 명을 더 붙잡아 죽이고는 그들을 먹어치운 다음 밖으로 나갔어요. 그리하여 우리는 다시 동굴 안에 갇히게 되었고, 그가 나가 있는 동안 이 무시무시한 괴물에게 복수하고 잃었던 자유를 찾기 위해 머리를 짜내며 궁리했어요. 아테나가 내 기도를 들어주기를 바라며.

키클로프스의 눈을 멀게 한 오디세우스

 키클로프스의 동굴 안에는 싱싱한 전나무 줄기가 있었어요. 아마도 그는 그것을 말려서 지팡이로 사용하려는 모양이었지요. 그러나 우리에게 그것은 스무 개의 노를 저어 움직일 수 있는 배의 돛대같이 보였어요. 나는 그것을 적당한 길이로 자른 다음 부하들에게 깎으라고 시켰어요. 그런 뒤 그 나무의 한쪽 끝을 날카롭게 만들고는 타다 남은 불에 밀어 넣었어요. 아주 단단해진 그 나무를 마루 밑의 거름더미 속에 숨겨 두었어요. 키클로프스의 눈을 찌를 참이었지요. 함께 찌를 사람들을 뽑아 두었어요.

 저녁이 되자 동굴로 돌아온 키클로프스는 늘 하던 일을 끝낸 다음, 다시 선원 두 명을 죽여서 저녁 식사를 했어요. 식사를 마친 그가 입술을 닦고 있을 때 나는 나무 양동이에 가져온 포도주를 채워 두 손으로 그에게 가져다 주면서 소리쳤어요.

 '키클로프스, 여기 포도주가 있습니다! 지금 당신은 맛있는 고기로 기름진 식사를 했으니 내가 가져온 포도주로 입속에 남아 있는 기름기를 헹궈 내십시오. 아마도 당신

은 나를 동정하여 집으로 보내 주게 될지도 모릅니다.'

키클로프스는 말도 없이 포도주를 낚아채더니 단숨에 마셔 버렸어요. 그러고는 곧 이렇게 말했어요.

'조금만 더 줘. 그리고 네 이름이 뭐지? 네가 좋아할 만한 선물을 주겠다. 우리도 포도주를 만들지. 그렇지만 이 포도주는 신들이 마시는 포도주보다도 낫군!'

나는 그에게 훨씬 많은 포도주를 갖다주었어요. 그가 세 번째로 포도주를 들이켤 때 내가 말했어요.

'키클로프스, 당신은 내 이름을 물었고 선물을 준다고 약속했지요. 그렇다면 내 이름을 말하지요. 나는 '아무도 아니야'라고 해요. 나는 부모와 친구, 모든 사람들로부터 '아무도 아니야'로 불리고 있어요.'

내가 이렇게 말하자 키클로프스가 다시 말했어요.

'이 폴리페모스는 한 번 약속한 것은 반드시 지킨다. 내가 너에게 줄 선물은 바로 너를 마지막에 먹어 주는 거야. 나로서는 아주 특별한 배려지.'

그는 이렇게 말하고는 한 눈을 감더니 바닥에 누워 코를 골기 시작했어요. 그때 나는 숨겨 놓은 막대기를 꺼내

뾰족한 끝이 빨갛게 될 때까지 불에 달구었어요. 막대기가 뜨거워져서 불꽃이 터지려고 할 때, 나는 그것을 다른 네 사람과 함께 움켜잡고 온 힘을 다해 키클로프스의 외눈에 박아 넣었지요.

거인은 고통스럽게 울부짖었고, 동굴 속은 온통 그의 비명으로 메아리쳤어요. 그는 자기 눈에서 뜨거운 막대기를 뽑아 들고는 피가 흐르는 머리를 양 옆으로 세게 흔들면서 도와 달라고 소리쳤어요. 그의 미친 듯이 울부짖는 소리를 듣고 다른 키클로프스들이 동굴로 달려왔어요.

'폴리페모스, 무슨 일이야?'

그들은 무척 귀찮다는 듯이 물었어요.

'왜 한밤중에 소리를 질러서 우리를 모두 깨우냐구? 짐승들을 잃어버렸어? 아니면 어떤 놈이 네 목숨이라도 가져가려고 하는 거야? 우리에게 말해. 그게 누구야?'

키클로프스는 울부짖으며 소리쳤어요.

'그건 '아무도 아니야'. '아무도 아니야'란 말이야.'

'아무도 아니라고? 아무도 너를 해치지 않는단 말이지. 아무래도 너를 도와 줄 수 있는 것은 우리가 아니라 네 아

버지 포세이돈뿐일 것 같네.'

다른 키클로프스들은 곧 모두 가 버렸어요. 나는 계략이 완벽하게 성공한 것을 보고 통쾌하게 웃을 수 있었지요.

계략에서 계략으로

고통 속에서 신음하던 폴리페모스는 비틀거리며 입구로 가서 큰 바위를 옆으로 옮기고는 두 손을 마구 휘저었어요. 우리들이 아무도 그 길을 빠져나가지 못하게 하기 위해서였죠.

불쌍한 바보! 그는 우리가 감옥 같은 그곳을 도저히 빠져 나가지 못하리라고 생각했던 거예요. 내 머릿속에는 이미 온갖 교묘한 계략이 들어 있었지요.

우리가 그곳을 빠져나갈 수 있는 가장 좋은 방법은 숫양의 배 밑에 거꾸로 매달려서 나가는 거라고 생각했어요. 동굴 안에는 털이 많이 덮인 크고 뚱뚱한 숫양이 몇 마리 있었는데, 나는 내 동료들이 가운데 매달릴 수 있도록 세 마리를 한꺼번에 나란히 묶었어요.

숫양 중의 한 마리는 다른 양들보다 훨씬 커서 나는 그 밑에 들어가 털로 수북이 덮인 옆구리를 단단히 쥐었어요. 내 동료들이 먼저 통과했어요. 폴리페모스는 손가락으로 숫양의 등을 더듬었지만, 우리가 숫양 배 밑에 매달려 탈출하는 것을 어떻게 볼 수 있었겠어요!

게으른 짐승아

마지막으로 내가 매달린 숫양이 동굴 입구까지 왔어요. 폴리페모스는 그 양을 알아보고는 물었어요.

'네가 마지막이냐? 이 게으른 짐승아. 그건 평소에 네가 하던 짓이 아니야. 너는 항상 제일 먼저 동굴을 떠나 개울 옆에 있는 달콤한 풀을 찾아냈고, 저녁에는 우리에 가장 먼저 돌아왔는데. 주인이 눈을 잃어버린 것 때문에 우느라고 마지막까지 있었구나.

저주받은 '아무도 아니야'가 포도주로 나를 취하게 해 놓고 내 눈을 안 보이게 만들었단다. 아, 만약에 네가 말을 할 수 있다면 그가 숨어 있는 곳을 말해 줄 수 있을 텐데. 내가 시체에서 영혼이 빠져 나갈 때까지 바위에 그를 내

리치는 것을 볼 수 있을 텐데. 그러면 '아무도 아니야'가 내게 준 이 고통이 덜어지련만.'

그는 이렇게 말하면서 숫양을 모두 밖으로 내보냈어요.

양이 안마당을 지나자마자 나는 얼른 양에서 떨어져 내 동료들 쪽으로 달려갔어요. 드디어 우리는 그의 위험으로부터 벗어났어요. 우리는 양 몇 마리도 함께 끌고 갔지요.

배에 남아 우리를 기다리던 사람들은 기쁨과 슬픔이 섞인 채 우리를 맞이했답니다. 우리는 모두 잃어버린 동료를 애도했어요. 그러나 슬퍼할 시간이 그리 많지 않았어요. 우리는 최대한 빨리 그곳을 떠나야만 했어요. 우리가 바닷가에서 안전할 만큼 떨어졌을 때, 나는 뱃머리에 서서 목청껏 소리질렀어요.

'야, 폴리페모스! 나그네들은 너에게 도움을 청했다. 그러나 너는 망설이지도 않고 그들을 잡아먹었다. 그래서 너에게 천벌이 떨어진 거다!'

이것이 폴리페모스를 더 화나게 만들었어요. 화가 난 그는 산꼭대기 전체를 부수어 우리에게 던졌어요. 그러나 그것은 뱃머리를 빗나갔어요. 거대한 물보라의 기둥이 생겼고, 내가 긴 창을 휘둘러 미리 피하지 않았다면 그 물결 때문에 배가 뒤로 돌진하면서 바위에 부딪쳤을 거예요.

나는 선원들에게 노를 꼭잡고 다시 넓은 바다로 나갈

때까지 온 힘을 다하라고 명령했어요. 드디어 바닷가에서 충분히 떨어져 나왔을 때, 나는 동료들을 잃은 슬픔에 북받쳐서 다시 소리치기 시작했어요. 그러자 다른 사람들이 나를 막았어요.

'바보처럼 굴지 말아요. 왜 그런 무시무시한 괴물의 화를 자꾸 돋우는 거예요? 그가 우리에게 던진 바위의 크기를 보았잖아요. 우리는 정말 마지막이구나 생각했어요. 그를 그냥 내버려 두세요. 그는 전보다 더 큰 바위를 던질지도 몰라요.'

그러나 그들은 나를 막을 수 없었지요. 나는 두 번째로 소리쳤어요.

'야, 폴리페모스! 만약에 어떤 사람이 너의 흉한 눈을 없애 버린 자가 누구냐고 물으면, 라에르테스의 아들이며 트로이를 정복한 이타케의 오디세우스라고 말해라!'

그러자 폴리페모스가 소리쳤어요.

'맙소사, 정해진 운명이 실현되었구나! 여기에 살았던 한 예언자가 키클로프스의 앞날에 대해 말하면서, '오디세우스'라는 이름을 가진 놈이 나를 장님으로 만들 거라고 경고했었어. 그러나 라에르테스의 아들은 나처럼 힘이 센 거인일 거라 생각했지, 포도주로 나를 취하게 하는 하찮은 약골이라고는 생각 못 했다. 돌아와라, 오디세우스. 나를 이긴 대가로 나의 아버지 포세이돈에게 너를 도와주라고 할게. 오직 그만이 너를 안전하게 집으로 보내 줄 수 있고, 나의 상처 난 눈도 치료해 줄 수 있지.'

나는 다시 대답했어요.

'아! 내가 너를 하데스의 어두운 구렁텅이로 던져 버릴 수만 있다면. 그곳이라면 포세이돈도 너를 찾지 못하고 눈도 치료할 수 없으련만!'

폴리페모스는 손을 모으고 크게 소리질렀어요.

'나의 기도를 들으소서, 땅을 흔드는 포세이돈이여! 당신이 정말 나의 아버지이시며 내가 당신의 아들이라면, 라에르테스의 아들이 집으로 돌아가도록 허락하지 마소서. 설사 그가 가족들을 만나기로 운명이 정해졌다 해도, 몇 년 동안이라도 바다에서 시달리게 하소서. 그리하여 동료들을 모두 잃고 배는 부서지고, 그가 집에 도착한 뒤에도 골치 아픈 일이 기다리고 있도록 해 주소서!'

이 말과 함께 그는 큰 돌을 돌려서 공중으로 던졌답니다. 그때문에 노가 거의 부서졌고, 배를 바다로 더 멀리 밀어 주는 바람에 우리는 곧 무인도에 도착하게 되었어요.

밤이 오자 우리는 모래 위에 누워서 잠이 들었어요. 아침이 되자 우리는 배에 올라 다시 한 번 사랑하는 친구들을 잃은 것을 애도하면서 항해를 시작했지요.

이타케, 그러나…….

키클로프스의 나라를 떠나자 우리는 곧 바람을 다스리는 아이올로스 신의 섬인 아이올리아에 도착했어요. 그는 청동 탑에서 여섯 명의 아들과 여섯 명의 딸과 함께 살았어요. 아들과 딸들은 결혼하여 그들 부모와 함께 행복하게 살았어요. 그 섬은 매일매일 노래로 메아리쳤고, 밤에는 아늑한 침대에서 모두 기분 좋게 잠들었어요.

나는 아이올로스의 훌륭한 궁전에서 손님 대접을 받으며 꼬박 한 달을 보냈어요. 아이올로스는 그리스 사람들이 트로이를 얻기 위해 싸웠던 이야기를 듣는 걸 무척 좋아했어요.

우리가 떠나려고 하자, 그는 소의 가죽으로 가방을 하나 만들어 주었어요. 그는 그 안에 모든 바람을 넣은 뒤 꼭 닫아서 나에게 주었지요. 공기 하나도 빠져 나갈 수 없도록 가방의 입구를 은색 끈으로 단단히 묶었어요. 그러나 단 하나의 바람만은 남겨 두었어요. 바로 제피로스인데, 그 바람은 우리 배를 고향으로 보내 줄 바람이었지요. 그러나 슬프게도 아직 고향에 닿을 운명이 아니었던 거예요.

 9일 낮밤을 꼬박 항해하여 마침내 열흘째 되는 날 아침에 우리는 이타케를 보았어요. 우리는 집집마다 굴뚝에서 연기가 피어오르는 것까지 볼 수 있을 정도로 가까이 갔어요. 그러나 한숨도 못 잔 나는 너무 지쳐서 도착할 때까지 견디지 못하고 잠이 들고 말았지요. 나는 항해 내내 우리 배의 돛이 팽팽하도록 밧줄을 잡고 있었어요. 나는 최대한 빨리 내 나라로 돌아가고 싶은 마음에 다른 사람의 손에 그것을 맡기고 싶지 않았지요. 그런데 내가 잠이 들자 동료들은 아이올로스가 내게 준 가방에 금이 들었다고 속삭이기 시작했어요.

그들이 말했어요.

'어떻게 오디세우스가 많은 것을 다 관리하지? 어디를 가든지 그는 사람들의 마음을 사로잡는 능력이 있지. 트로이에서 가져 온 약탈물이 얼마나 많은지 한번 보라고. 그동안 우리도 그와 함께 싸웠는데, 우리는 빈손으로 돌아가고 있어. 아이올로스가 그에게 얼마나 많은 금을 주었는지 가방을 한번 열어 보자고.'

그리하여 그들은 마침내 은색 끈을 풀었답니다. 또 다른 불행이 시작되었어요. 가방을 열자마자 순식간에 바람이 쏟아져 나와서 큰 폭풍을 불러일으켜 우리 배를 넓은 바다로 돌려보냈어요. 잠에서 깨어나 무슨 일이 일어났는지 깨달았을 때, 나는 절망을 견딜 수 없어 파도 속에 뛰어들려고 했지요.

그러나 내 안에 남아 있는 아주 작은 힘이 그것을 이겨내도록 해 주었어요. 며칠 동안 우리는 폭풍우와 싸웠고, 돌풍은 다시 아이올로스의 섬으로 우리를 돌려 보냈어요. 가까스로 바닷가에 닿아 간신히 허기만 때운 다음, 나는 동료 두 명을 데리고 궁전으로 올라갔어요. 아이올로스는 부인과 자식들과 함께 잔치를 벌이고 있었는데, 우리가 궁전 안으로 들어오는 것을 보고 놀라서 소리쳤어요.

'어떻게 이곳으로 다시 오게 되었소, 오디세우스? 어떤 불행이 당신을 그렇게 따라다니는 거요. 우리가 당신이 그토록 그리워하는 곳으로 돌려 보내지 않았소?'

내가 대답했어요.

'슬프게도 내가 자는 동안 동료들이 일을 그르쳤소. 그러나 형제여, 나를 다시 한 번만 도와 주시오. 당신은 힘을 가지고 있지 않소.'

나는 그가 나를 동정하리라 확신했지요. 그러나 아이올로스는 화가 나서 소리쳤어요.

'내 눈앞에서 당장 사라지시오. 이 저주받은 인간아! 나는 다시는 신들이 외면한 인간을 돕는 죄를 지을 수 없소. 그러니 다시는 이곳에 나타나지 마시오.'

그는 이렇게 심한 말을 퍼붓고는 불행한 방문객을 자신의 집에서 쫓아 버렸어요. 우리는 무거운 마음으로 배에 올라탔어요. 동료들은 모든 희망과 용기를 잃고 노 위에 힘없이 쓰러졌지요.

라이스트리곤 인의 항구에서의 재앙

엿새 동안 목적지도 없이 항해하다가 7일째 되는 날 우리는 땅을 발견했어요. 그것은 라이스트리곤 사람들의 나라였지요. 높은 절벽으로 둘러싸인 항구를 발견한 동료들은 배를 안쪽에 잘 정박시켰어요. 그러나 내가 탄 배는 항구 입구를 지나쳐서 바위에 정박시켰어요.

우리는 배에서 내려 높은 절벽을 올랐어요. 어디에도 농장은 보이지 않았는데, 멀리서 연기가 솟아올랐고 숲에 마차 자국이 나 있는 게 보였어요. 누가 사는지 알아보기 위해 먼저 세 사람을 보냈지요. 그들은 숲 쪽으로 난 길을 따라갔어요.

얼마 뒤에 도시가 나타났고, 문 가까이에 있는 샘에서 소녀 하나가 물을 뜨고 있었어요. 그들은 소녀에게 이 나라 왕을 만나 보고 싶다고 말했지요. 그녀는 바로 왕의 딸이었으며, 아버지가 계신 궁전이 어디에 있는지 알려 주고는 엎드려 주전자에 물을 마저 채웠어요.

잠시 뒤 세 명의 동료 앞에 산처럼 거대한 여자가 나타나는 바람에 그들은 공포에 질렸어요. 그녀는 그들에게 아무 말도 하지 않고 남편을 부르러 보냈어요. 그녀의 남편 안티파테스는 도시 광장에 있다가 부리나케 달려왔어요. 바로 그들을 죽이기 위해서 말이에요. 그는 궁전에 있는 세 명의 선원을 보는 즉시, 거대한 손을 뻗어 한 명을 낚아채서 먹었어요. 다른 두 명은 재빨리 도망쳤지요.

그러자 안티파테스는 다른 라이스트리곤 사람들에게 소리쳐서 그들의 뒤를 쫓게 했어요. 수천 명의 거인이 길로 쏟아져 나와 항구로 향했어요. 그들은 배를 보자 거대한 바위를 들어 던졌어요. 마치 소나기가 뿌리듯 바위가 떨어졌어요. 완전히 난장판이었지요. 배들은 모두 부서지고, 나의 불쌍한 선원들은 라이스트리곤 인의 저녁밥이 되기 위해 끌려갔어요.

내 배는 다행히 항구 밖에 정박해 있었지요. 나는 배를 매어 둔 밧줄을 칼로 자른 뒤 선원들에게 전속력으로 배를 저으라고 했어요. 나보다 더 겁을 먹은 선원들은 바다에 부글부글 거품이 일도록 미친 듯이 노를 저었지요. 우리는 곧 바닷가에서 멀리 떨어지게 되었어요. 내 배는 안전했지만 다른 배들을 모두 잃고 말았지요.

끊임없는 재앙으로 약해질 대로 약해진 우리는 어딘지도 모르는 곳을 향해 항해했어요. 결국 우리는 아이아이에 섬에 닿게 되었지요. 그곳은 태양의 신 헬리오스의 딸 키르케의 고향이지요. 우리는 바닷가에 닻을 내리고 이틀 동안 죽은 동료들을 애도하면서 앉아 있었어요. 사흘째 되는 날 동이 틀 무렵, 나는 산꼭대기로 올라가 나무 숲 언덕 위로 피어 오르는 연기를 보았답니다. 나는 우리가 어디에 있는지, 또 우리를 도와 줄 만한 것은 없는지 알아보기 위해 한번 들어가 보고 싶었지만, 선뜻 용기가 나지 않았어요. 무엇을 만나게 될지 두려웠으니까요.

며칠 동안 아무것도 먹지 못한 선원들을 위해 음식을 구하는 일이 가장 급했어요. 그때 살찐 수사슴 한 마리가 숲에서 튀어나오는 게 보였지요. 나는 신에게 감사하며 창을 던져 사슴을 잡아 동료들에게 가져다 주며 말했어요.

'우리에게 놓여진 많은 고통에도 불구하고, 아직 우리는 카론을 물리칠 힘이 남아 있소. 어떤 사람도 때가 되기 전에는 죽지 않소. 서둘러 이 짐승의 가죽을 벗기고 쇠꼬

챙이에 끼울 준비를 하시오. 너무 오랫동안 우리는 아무 것도 먹지 못했소.'

그들은 기쁜 얼굴로 불을 피우고 사슴을 구웠어요. 우리는 하루 종일 먹고 마시며 힘을 다시 찾았지요.

마법사 키르케와 함께

내가 동료들에게 말했어요.

'우리가 무엇을 해야 하는지 결정할 시간이 왔소. 산 위에 올라갔을 때 사방이 모두 바다인 것을 보았소. 그러나 이 섬은 무인도가 아니오. 나는 멀리 나무들 사이에서 피어오르는 연기를 보았소. 그곳으로 가서 여기가 어딘지 알아보는 것이오.'

내 말에 동료들은 가슴이 철렁 내려앉았어요. 그들은 라이스트리곤 인과 키클로프스를 만났던 기억이 떠올라 몸서리를 쳤어요. 그들은 마음이 너무 약해져서 앞으로 어떤 나쁜 일이 더 일어날지도 모른다는 생각에 그만 울음을 터뜨리고 말았지요.

그러나 눈물을 흘린다고 모든 일이 해결되지는 않지요.

결국 나는 두 무리로 나누어 용감한 에우리코스를 첫 번째 무리의 대장으로 정했고, 나는 다른 무리의 대장이 되었어요. 그러고 나서 우리는 제비뽑기를 하여 누가 먼저 섬을 살피러 나갈지 결정했어요. 에우리코스의 제비가 먼저 나왔지요.

그는 매우 낙심한 표정으로 동료들을 데리고 떠났어요. 그동안 우리는 두려운 마음으로 배를 지키며 머물러 있었지요. 섬을 가로질러 앞으로 가던 그들은 숲이 우거진 언덕에서 태양의 딸이 살고 있는 대리석 궁전을 발견했어요.

주변에는 사자들과 늑대들이 있었지만 그들을 해치지 않았어요. 왜냐하면 영원히 죽지 않는 위대한 마법사 키르케가 마술 약으로 그들을 잘 길들여 놓았기 때문이지요. 문 앞에 도착한 그들은 안에서 들려 오는 여자의 달콤한 노래 소리를 들었어요.

그들 중 한 사람이 말했어요.

'그녀가 누구든지 소리쳐 불러 봐.'

그들이 소리치자 그녀는 노래를 멈추고 문을 열었어요.

그녀는 다름 아닌 아름답고 당당한 여신 키르케였지요.

키르케가 그들에게 들어오라고 하자, 악마를 두려워하는 에우리코스만 빼고 모두 들어갔어요. 그녀는 그들에게 앉으라고 한 뒤 치즈와 밀가루를 섞은 꿀과 포도주를 주었어요. 물론 마술 약초를 넣어서 말이지요.

그들이 그것을 먹고 나자, 키르케는 요술 지팡이로 그들을 때렸어요. 그러고는 그들을 밖에 있는 우리로 몰고 갔어요.

다음에 더 기막힌 일이 일어났어요. 그들의 목소리는 꿀꿀거리는 소리로 변하고, 코는 길어져 주둥이로 변하고, 뻣뻣한 털이 몸에서 자라났어요. 그들은 돼지로 변하고 만 거예요. 그녀는 그들에게 모습은 돼지지만 인간이 느끼는 고통스러움을 느낄 수 있게 했소.

에우리코스는 동료들을 기다리다가, 그들에게 어떤 큰 위험이 생긴 것을 깨닫고는 도망쳤어요. 배에 도착한 그는 공포로 거의 죽기 직전이었어요. 그리고 온몸을 너무 떠는 바람에 한 마디도 하지 못했지요.

우리는 그를 안정시켰어요. 드디어 안정을 찾은 그는

무시무시한 마녀가 사는 커다란 성에 간 일과, 그 안으로 들어간 동료들이 사라져 버린 일을 말했어요. 그 말을 듣고 자리에서 벌떡 일어난 나는 칼과 활을 들고 에우리코스에게 그곳으로 데려다 달라고 명령했어요. 그런데 그가 내 발 밑에 몸을 던져 빌며 말했지요.

'제발 당신께 애원하오니, 저를 그냥 여기 있게 해 주세요. 그리고 당신 혼자서라도 절대로 갈 생각은 하지 마십시오. 난 당신과 우리 동료 모두가 돌아오지 못할 거라고 확신합니다. 지금 당장 이 저주받은 곳에서 빠져 나갑시다. 우리는 아직 탈출할 기회가 있습니다.'

그의 비겁함에 나는 구역질이 날 뻔했어요. 그러나 나는 다른 말은 하지 않았어요.

'그러면 에우리코스 너는 배에서 먹고 마시면서 있어라. 나 혼자 그곳으로 갈 테니.'

이렇게 말한 뒤 나는 혼자 숲을 향해 떠났어요. 가는 길에 멋진 젊은이로 변장한 헤르메스가 나를 멈춰 세웠어요.

그는 다정하게 내 팔을 잡고는, 헤르메스의 목소리로

나를 걱정하며 말했어요.

키르케의 마법에서 벗어난 오디세우스

'불쌍한 친구여, 낯선 나라에서 혼자 어디로 가는 거요? 분명히 키르케와 그녀의 돼지 떼를 보러 가는 거겠지. 내가 경고하는데, 키르케가 당신 동료들을 돼지로 바꾼 거요. 당신이 동료들을 풀어 주려고 노력하는 동안, 그녀는 당신도 돼지로 만들 거요. 저 바위에서 자라는 식물이 보이지요? 저것은 사람을 어떤 악에서도 지켜 주지요.

그렇지만 먼저 내가 당신에게 키르케의 교묘한 꾀와 그것에 어떻게 대응해야 하는지 말하는 것을 들어야 해요. 그녀는 맨 처음 당신에게 마술 약초를 뿌린 죽을 줄 것이오. 그러나 저기 있는 식물의 힘으로 당신에게 영향을 미치지는 못할 것이오. 그녀는 다시 요술 지팡이로 당신을 때리려 할 것이오.

그때 당신은 칼을 들이대며 그녀를 죽이겠다고 위협해야 하오. 그녀는 겁에 질려 달콤한 말로 당신을 진정시키려 할 것이고, 그런 다음 자기와 같이 자자고 할 것이오.

당신이 동료들을 살릴 생각이라면 거절하지 마시오. 그러나 그전에, 그녀가 아직 해를 끼치지 않고 당신 옆에 누울 때, 그녀로부터 당신의 남성다움을 빼앗지 않겠다고 모든 신에게 엄숙하게 맹세하도록 만들어야 하오.'

그러고 나서 헤르메스는 바위의 갈라진 틈에서 식물을 잡아당겨 뽑았어요. 그 식물은 하얀 꽃과 검은 뿌리로 되어 있었는데, 너무 질겨서 인간의 손으로는 뽑을 수 없었어요. 그러나 신들은 모든 것을 할 수 있지요.

헤르메스는 식물을 나에게 주고는 올림포스를 향해 떠났어요. 나는 거기에 그대로 서서 내 동료들을 구출할 수 있는 방법을 생각했지요.

마침내 키르케의 궁전에 도착한 나는 문을 두드리며 소리쳤어요. 그러자 키르케가 나와서 문을 열어 주었어요. 그녀는 나를 안으로 안내하여 은 장식이 있는 훌륭한 왕좌에 앉혔어요. 헤르메스가 경고했던 대로 그녀는 금그릇에 죽을 담아서 나에게 가져왔어요. 나는 조금도 망설이지 않고 그 죽을 마셨지요. 그녀의 마법이 나에게는 통하지 않는다는 것을 믿었기 때문이지요. 내가 죽을 다 마시자마자 그녀는 나를 치려고 요술 지팡이를 들며 소리쳤어요.

'뛰어서 돼지우리에 있는 네 동료들에게 가거라!'

그러나 나는 재빨리 칼을 집어 들고 마치 그녀를 죽이기라도 할 것처럼 덤벼들었어요. 그녀는 비명을 지르며 내 무릎을 팔로 감았어요. 그러고는 겁에 질려 흐느끼며 나에게 물었어요.

'당신은 누구요? 약을 먹었는데도 어떻게 마술에 걸리지 않았지요? 지금까지 아무도 내 마술을 이겨 낸 사람은 없었는데? 아, 그렇군요. 당신은 오디세우스로군요. 헤르메스는 나에게 오디세우스가 트로이에서 돌아가는 길에 이 길을 지날 거라고 경고했어요. 당신의 날카로운 칼은 칼집에 넣으세요. 그리고 나와 침대에 누워 자도록 해요.'

'키르케, 당신은 내 동료들을 돼지로 바꾸고 나에게도 마술을 걸어 모든 힘을 빼앗으려 하는데, 내가 어떻게 당신과 잘 수 있단 말이오? 나는 당신이 나에게 또 다른 나쁜 짓을 하지 않겠다고 맹세하지 않으면 절대로 당신과 자지 않을 거요.'

키르케는 내 요구를 받아들였어요. 나는 그녀가 나와의 약속을 지키는 것을 보고 난 뒤 침대 위에 누웠어요.

 잠에서 깨자 나는 네 명의 숲의 님프가 키르케를 위해 준비해 둔 만찬을 보았어요. 맛있는 요리를 준비하고, 달콤한 포도주를 금잔에 가득 채웠어요.

 그들이 여주인에게 모든 것이 준비되었다고 고갯짓을 하자, 키르케는 내 손을 잡고 식탁으로 안내했어요. 그리고 내가 앉을 수 있도록 의자를 끌어당겨 주었어요. 그러나 내 머릿속은 다른 생각으로 가득 차서 주위의 모든 것이 귀찮게만 보였어요.

 내가 시큰둥한 얼굴로 앉아 식탁 위에 있는 맛있는 음식에 손도 대지 않자, 그녀는 내 쪽으로 몸을 기울이며 걱정스런 목소리로 물었어요.

 '오디세우스, 왜 그렇게 슬픈 표정으로 앉아 있어요? 당신 앞에 이렇게 훌륭한 식사가 놓여 있는데도 손도 대지 않잖아요. 당신은 아직도 내가 아직도 당신에게 해를 끼칠까 봐 그러는 거예요? 그렇다면 두려워하지 말아요. 그렇게 하지 않겠다고 맹세했으니까요.'

그녀의 말에 나는 이렇게 대답했어요.

'의리 있는 사람이라면 자기 동료들이 돼지로 변해 이 식탁 가까이에 있는 우리에 있다는 것을 알면서 어떻게 한가롭게 먹고 마실 수 있단 말이오? 당신이 진심으로 나를 행복하게 해 주고 싶다면 내 동료들에게 걸었던 마술을 풀고 그들을 다시 보게 해 주시오.'

그러자 키르케는 성을 나가서 돼지우리의 문을 열고 돼지들을 데리고 왔어요. 돼지들의 슬픈 얼굴을 보는 순간, 나는 단번에 그들이 내 동료들이라는 것을 알았어요. 그들이 불쌍해서 가슴이 찢어질 것만 같았지요.

그녀가 뻣뻣한 털이 난 머리에 마술 연고를 조금씩 문지르자 그들은 전보다 더 젊고 멋있는 인간으로 다시 변했어요. 그들은 나에게 달려와 손을 꽉 쥐며 흐느꼈어요. 키르케 자신에게도 무척 감동적인 순간이었을 거예요.

'오디세우스, 바닷가로 내려가 배를 끌어올려 놓고 모두 여기에 와서 나와 함께 지내도록 해요.'

그녀의 정직한 얼굴은 더 이상 음모를 꾸밀 것 같지 않다는 믿음을 주었어요. 그래서 나는 바닷가로 갔지요.

동료들 모두 걱정스러운 얼굴로 나를 기다리며 울고 있었어요. 나를 다시 보게 된 그들의 기쁨을 여러분은 상상할 수 없을 겁니다. 그들은 마치 오전 내내 밭을 갈다가 저녁에 외양간에 돌아온 어미를 보고 달려드는 어린 송아지들 같았습니다. 세상에 어떤 힘도 그들을 막을 수 없었지요. 이것이 나와 내 선원들이 계속 함께 있게 된 이유입니다.

　여러분은 어쩌면 그들이 벌써 이타케로 돌아가지 않았을까 하고 생각할 수도 있겠지요.

　나는 그들에게 말했어요.

　'어서 배를 바닷가로 끌어올리고 우리의 삭구(배에서 쓰는 로프와 쇠사슬 등을 이르는 말)를 이 동굴 속에 숨깁시다. 일이 끝나는 대로 키르케의 궁전에서 먹고 마시며 쉬고 있는 우리의 동료들을 보러 떠납시다.'

　에우리코스를 제외한 모든 사람이 내 말에 따랐어요. 그러나 에우리코스는 동료들을 향해 소리쳤어요.

　'이 바보들아, 정신 나갔어? 만약 키르케의 집에 발을 들여 놓으면 그녀는 우리를 모두 돼지, 늑대, 사자로 바꾸어 그녀의 땅을 지키게 할 거야. 예전에 오디세우스가 한 미친 짓 때문에 우리가 얼마나 많은 대가를 치렀는지 생각해 보라구!'

그는 피가 거꾸로 솟을 정도로 나를 화나게 만들었어요. 만약 다른 사람들이 나를 막지 않았다면, 칼을 꺼내 그를 베어 버렸을 거예요.

'오디세우스, 저 불쌍한 사람을 그냥 내버려 두시지요. 그에게 배를 지키게 하고 우리 모두 키르케의 성으로 갑시다.'

우리는 곧 떠났어요. 결국 에우리코스도 우리 뒤를 따라오게 되었어요. 내가 화를 내자 완전히 겁을 먹었던 거예요.

궁전에 도착했을 때 우리는 동료들이 식탁에 앉아 있는 것을 보았어요. 우리는 잠시 재회의 기쁨을 나누었고, 우리를 불쌍히 여긴 키르케가 나에게 와서 말했어요.

'들으시오, 라에르테스의 아들이여. 당신들 모두 충분히 눈물을 흘렸어요. 나는 당신들이 겪은 모든 고통과 실패를 잘 알게 되었으니, 당신들이 회복될 때까지 이 궁전에 머무르세요. 어떤 웃음도 고통의 기억으로 가득한 당신의 얼굴을 밝게 만들어 주지는 못할 거예요. 당신이 다시 떠나고 싶을 때가 오면, 당신을 방해하지 않고 오히려 가는 길을 도와 주겠어요.'

저승 세계로의 항해

나는 키르케가 그렇게 말해 준 것에 대해 진심으로 감동했어요. 우리는 좀더 머물러 있기로 결정했어요. 그들은 모두 충분한 휴식과 회복이 필요했기 때문에 내 말에 찬성했지요.

우리는 키르케의 궁전에서 행복한 나날을 보냈어요. 먹고 마시고 즐기는 게 하루의 일과였답니다. 그렇게 행복한 나날을 보내는 사이, 어느덧 우리가 도착한 지 1년이 되었어요.

그러던 어느 날, 누군가 나에게 고향에 대해 말했어요. 그때 갑자기 나는 사랑하는 사람들에 대한 그리움이 내 안에서 솟구치는 걸 느꼈어요.

나는 무릎을 꿇고 키르케의 무릎을 껴안으며 애원했

어요.

'오, 키르케. 당신이 약속을 지킬 시간이 온 것 같소. 고향으로 보내 주시오. 내 동료들이 고향과 가족에 대한 그리움으로 앓고 있소. 나는 더 이상 그들을 그렇게 둘 수가 없소.'

그러자 그녀가 대답했어요.

'오디세우스, 당신이 원한다면 더 이상 당신을 잡아 두지 않겠어요. 그러나 지금까지 당신이 겪었던 어떤 것보다도 험난한 마지막 항해가 당신을 기다리고 있어요. 그것이 당신의 운명이랍니다. 그러니 당신은 하데스가 다스리는 저승 세계로 가서 예언자 테이레시아스에게 당신이 돌아갈 길을 물어 보세요.'

나는 너무나 어리둥절하여 조용히 꿇어앉아 있었어요. 내가 다시 물어 볼 용기가 생기기까지 시간이 필요했기 때문이에요.

'나는 아직 살아 있는데 어떻게 저승 세계에 갈 수 있소? 누가 나를 그곳으로 안내한단 말이오? 바다를 통해 그런 여행을 한 사람이 있나요?'

그러자 키르케가 대답했어요.

'신들이 할 때는 모든 것이 가능한 법이에요. 항해를 하세요. 그러면 북풍 보레아스가 당신을 바다 끝에 데려다줄 거예요. 거기서 당신은 갈대와 미루나무가 있는 바닷가를 발견할 겁니다. 그 숲은 저승 세계의 페르세포네 왕비 것이지요.

그곳에 배를 대고 아키론 강과 스틱스 강물이 만나는 곳에 닿을 때까지 서둘러 가세요. 거기서 한 길이 되는 넓은 구덩이를 파고 꿀과 우유, 물과 포도주를 섞은 헌주를 밀가루와 함께 구덩이에 부으세요. 그런 다음 검은 암양과 숫양을 테이레시아스에게 바치세요. 반드시 그들의 피가 구덩이에 있는 다른 액체와 함께 흐르도록 하세요.

그렇게 하면 당신은 당신에게 다가오는 셀 수 없이 많은 죽은 사람들을 보게 될 것입니다. 그러나 당신이 테이레시아스의 그림자를 발견하고 말을 나눌 때까지 절대로 그들을 가까이 오지 못하게 해야 해요.'

나는 차분히 마음을 가라앉히고 동료들에게 그녀의 말을 전했어요. 그들은 모두 막막하고 무서워했지만 달리

선택할 길이 없다는 것을 알았지요.

우리 동료 중 가장 어린 엘페노르는 궁전 지붕에서 밤을 보내고 있었는데, 출발 준비로 떠들썩해지는 바람에 갑자기 잠이 깨어 허둥대다 그만 발을 헛디뎌 죽고 말았어요. 그렇지만 우리는 동료가 죽은 슬픔 때문에 출발을 늦출 수가 없었어요. 키르케는 벌써 제물로 바칠 검은 암양과 숫양을 가져왔고, 우리는 배에 올라 항해를 시작했어요.

키르케가 예언한 대로 우리 배는 바람의 인도를 받고 항해하여 바다 끝에 도착했어요. 키메리안들의 땅은 안개에 싸여 있고 검은 구름에 숨겨져 있었어요.

우리는 닻을 내리고 해변으로 가서 그녀가 말한 곳으로 양을 몰고 갔답니다. 나는 칼로 구덩이를 파고 꿀과 물, 우유와 포도주를 섞은 헌주를 그 안에 부었어요. 그러고 나서 몇 줌의 보리 음식을 던지고, 마지막으로 짐승을 바쳐 그들의 피가 구덩이 안으로 뚝뚝 떨어지게 했어요.

그러자 죽은 영혼들이 모이기 시작했어요. 제물의 피를 마시려고 서로 밀고 당기는 그들의 모습을 보면서 그들이 누구인지 기억이 되살아났어요. 나는 테이레시아스의 모습이 보이기를 기다리며 칼을 들고 그들을 막았지요. 그런데 내 앞에 다가온 첫 번째 죽음의 그림자는 바로 지붕에서 떨어져 죽은 엘페노르였어요.

아이아이 에를 떠날 때 우리는 그를 그대로 놔 두고 왔어요. 그는 우리에게 자기 영혼이 휴식을 취할 수 있도록 빨리 돌아가 묻어 달라고 애원했어요. 나는 엘페노르를 보자 가슴이 너무 아팠어요. 그래서 그의 소원을 들어 주겠다고 약속했지요.

다음에 나는 내 어머니 안티클레이아의 혼령을 보았어요. 내가 이타케를 떠날 때는 어머니가 살아 계셨는데, 그렇게 죽은 사람들 가운데 있는 어머니를 보니 눈물이 났어요.

그러나 예언자 테이레시아스의 그림자를 보기 전에 어머니에게 제물의 피를 마시게 해서는 안 된다는 것을 잊지 않았지요. 테이레시아스는 저승 세계에서도 기억하고 생각할 수 있으며 또 앞날을 내다보는 예언자였지요.

마침내 나는 테이레시아스를 보았어요. 그가 황금 홀을

쥐고 나에게 와서 말했어요.

'라에르테스의 아들아, 이 컴컴한 세계에서 무엇을 찾고 있지? 구덩이 뒤로 물러서라. 피를 좀 마셔야겠다. 그래야 네가 알고 싶은 것을 말해 줄 수 있다.'

내가 옆으로 물러서자 그는 피를 마시기 위해 꿇어앉았어요. 그가 다시 일어나 나에게 말했지요.

'잔인하고 고달프고 험난한 항해가 아직 당신 앞에 남아 있소. 당신이 포세이돈의 아들 폴리페모스를 장님으로 만들어 포세이돈이 화가 났기 때문이오. 그러나 트리나키섬에 있는 헬리오스의 소들을 괴롭히지 않는다면 당신은 동료들과 함께 고향으로 돌아갈 수 있소.

만약 그것 중 한 마리라도 먹는다면 당신의 배와 선원들은 무서운 대가를 치를 것이오. 비록 동료들은 함께 가지 못하더라도 당신은 혼자서라도 이타케로 가는 길을 발견할 것이오. 그러나 고통은 거기서 끝나지 않을 것이오.

집으로 돌아가서도 악에 대항하여 힘든 싸움을 해야 할 것이오. 그 악마들은 서로 당신 부인의 손을 잡으려고 다투면서, 당신의 음식과 포도주를 마음대로 먹어치우는 부

끄러움도 없는 사람들이오. 그들은 모두 자신들이 지은 죄에 걸맞는 죽음을 맞게 될 거요. 당신의 화살과 창에 의해서 말이오.'

위대한 예언자는 그 밖에도 여러 가지를 말해 주었어요. 바다를 모르는 사람들이 있는 곳에 도착할 때까지 내가 어떻게 마지막으로 긴 여행을 해야 하는지에 대해서 말이에요.

나는 사랑하는 사람들 사이에서 명예로운 죽음을 맞이할 거라고 했고, 나에게 다가올 죽음이 어떤 것인지에 대해서도 말해 주었어요.

테이레시아스가 말을 끝냈을 때 어머니가 다가왔어요. 어머니는 피를 마시고 나서 옛날을 회상하며, 이타케에서 일어난 모든 일을 말해 주었지요.

나는 어머니가 몇 년 동안이나 사라진 나를 애타게 그리워하다가 죽었다는 것을 알았을 때 정말 견딜 수 없을 정도로 슬펐어요. 나는 그녀를 안아 주려 했지만 어머니는 마치 그림자처럼 내 팔을 빠져 나갔지요.

그 뒤에도 계속해서 내가 아는 많은 죽음의 혼령들을

보았어요. 아가멤논과도 이야기를 나누었는데, 그는 트로이에서 돌아왔을 때 자기를 죽인 아이기스토스와 부정한 아내 클리타임네스트라의 이야기를 하면서 울었지요. 내가 그의 말을 듣고 비탄에 빠져 있을 때 다시 아킬레우스의 혼령이 나를 향해 빠르게 다가왔어요.

그가 놀라며 말했어요.

'오디세우스, 자네가 어떻게 하데스의 왕국에 내려왔지? 그런데 아직 살아 있군! 아직도 할 일이 남아 있나 보군.'

나는 그에게 대답했어요.

'아킬레우스, 이 항해는 나에게 어떤 영광을 가져다 줄 항해가 아니네. 나는 예언자 테이레시아스에게 의논할 게 있어서 왔네. 나는 몇 년 동안 바다에서 시달리느라 아직 집으로 돌아갈 길을 찾지 못했어. 지상에서 자네보다 더 큰 행운을 얻은 사람은 아무도 없네. 자네가 살아 있을 때 사람들은 모두 당신을 숭배했고, 이젠 죽은 자의 왕국에서조차 큰 힘을 휘두르고 있으니 말일세.'

그러자 그가 탄식하듯 말했어요.

'아, 오디세우스! 나를 위로하려 하지 말게. 여기 지하 왕국을 다스리느니 불쌍한 거지가 되는 한이 있더라도 다시 햇빛을 보는 게 낫겠네.

혹시 내 아들 네오프톨레모스에 대해 아는 것이 있다면 말해 주게. 그는 전쟁에서 공을 세웠나? 나의 아버지는 아직 프티아의 왕인가, 아니면 보잘것 없는 부하들이 그를 늙었다고 무시하지는 않는지?

만약에 내가 잠시라도 돌아갈 수 있다면, 아버지를 고통스럽게 하는 놈들의 얼굴에서 핏기가 사라지는 것을 자네에게 보여 줄 텐데!'

나는 아킬레우스의 아버지 펠레우스에 대해서는 아는 게 없었어요. 그러나 트로이에서 네오프톨레모스가 세운 용감한 공로에 대해 이야기하자, 그가 몹시 뿌듯해하는 것을 볼 수 있었지요. 파트로클로스와 안틸로코스를 비롯한 많은 사람들이 와서 나에게 이야기했어요.

텔라몬의 아들인 위대한 아이아스만이 멀리 떨어져서 바라보고 있었어요. 그는 이곳에서조차 자신을 이기고 죽은 아킬레우스의 갑옷을 되찾은 나를 잊을 수 없었던 거예요.

내가 그렇게 말하지 않았더라면 좋았을 텐데. 어두운 땅이 그 훌륭한 사람을 삼키는 것을 보면서 나는 그에게 다시 친구가 되지 않겠느냐고 물었어요. 그러나 그는 발길을 돌려 아무 말도 하지 않고 떠났어요.

나는 그곳에서 잘 아는 또 다른 얼굴들을 보았어요. 잠시 뒤에 혼령들의 외침 소리가 점점 커지자 그곳을 빨리 떠나야겠다고 생각했어요. 갑자기 고르곤의 머리가 나타나서 우리를 돌로 만들어 버릴까 봐 겁이 났던 거예요.

나는 동료들에게 빨리 배로 돌아가자고 소리질렀어요. 우리는 서둘러 배에 타고 돛을 올려 키르케의 섬을 향해 출발했어요.

우리가 아이아이 에에 도착해서 가장 먼저 한 일은 엘페노르를 묻는 일이었어요. 우리는 장작더미 위에 그의 시체와 그가 사용하던 무기를 함께 올려놓았어요. 불꽃이 그의 몸을 다 태우고 났을 때, 우리는 슬픔의 눈물을 흘리며 재 위에 그가 쓰던 노를 꽂아 주었지요. 장례식이 끝나자 키르케가 하녀들에게 일러 우리에게 식사를 차려 주었어요.

키르케가 말했어요.

'오늘은 푹 쉰 다음 내일 다시 떠나세요. 두려워하지 마세요. 나는 당신이 가는 도중에 경계해야 할 일과 앞으로 다가올 위험에 어떻게 대비해야 하는지 말해 주겠어요.'

마법을 거는 세이렌의 노래

그녀가 내게 말했어요.

'당신은 고향에 닿기 전에 많은 재앙을 만날 겁니다. 무서운 장애들이 당신이 가는 길에 놓여 있습니다.'

그러고는 내가 만날 위험들을 하나씩 이야기하고, 그것들을 어떻게 극복할 것인지 말해 주었어요.

그녀는 가장 먼저 위험한 세이렌들에 대해 이야기했어요. 세이렌이 부르는 노래는 그 소리가 들리는 곳을 향해 하는 모든 사람에게 마법을 건다고 합니다.

다음에는 움직이는 거대한 바위들이 높이 솟은 플랑크테스에 대해 경고했어요. 그러고 나서 그녀는 스킬라와 카리브디스에 대해 말했어요. 무시무시한 두 괴물은 좁은 해협에서 기다리고 있다가 그 사이를 통과하는 사람을 희생시켰어요.

마지막으로 그녀는 테이레시아스와 마찬가지로 헬리오스의 소를 먹지 말아야 한다고 주의를 주었답니다.

내가 그녀와 이야기하는 동안 어느새 새벽이 되었어요. 키르케는 나에게 갈아입을 속옷과 겉옷을 주고는 그녀도 하얗고 긴 옷으로 갈아 입었어요. 그리고 얼굴 위로 우아한 베일을 걸치고 허리에는 아름다운 금 벨트를 찼지요.

우리가 떠날 시간이 온 거요. 키르케는 우리와 함께 바닷가로 내려갔어요.

나는 배에 올라 동료들에게 출발하자고 말했어요. 그들은 의자에 앉아 노를 잡았고, 빠른 속도로 배를 저었지요.

바닷가에서 조금 멀어지자 우리는 돛을 올리고 물결을 가르며 빨리 나아갔어요. 순풍이 불자 모두들 마음이 가벼워 보였지만, 동료들에게 불행한 소식을 알려야 하는 내 마음은 무척 무거웠답니다.

'키르케에게서 들은 이야기인데, 그녀는 신들보다 더 많은 것을 알고 있소. 우리는 세이렌들의 섬을 지나가야 하오.

세이렌이란 달콤한 목소리로 그 근처를 항해하는 사람들을 유혹하는 새의 모습을 한 여자들이오. 그들의 노래를 듣는 사람은 누구든 마술에 걸려 고향이나 사랑하는 사람도 보지 못하고 죽게 되오.

그들의 손아귀를 벗어나려면, 아무 소리도 들리지 않도록 귀를 왁스로 막아야만 해요. 그런데 키르케는 오직 나만은 그들의 노래를 들어야 한다고 말했소. 그러니 그대들은 내가 움직일 수 없도록 돛대에 나를 단단히 묶어야만 하오.

내가 소리치며 풀어 달라고 해도 풀어 주지 말고 오히려 나를 더 단단히 묶으시오.'

내가 이렇게 말하고 있을 때 수평선에 세이렌 섬이 나타났어요. 바람이 약해지자 동료들은 돛을 접고 노 위에 앉아서 기다렸어요. 나는 왁스 덩어리를 작게 잘라서 동료들의 귀를 막아 주었지요.

내가 동료들의 귀를 다 막자, 그들은 나를 돛대에 기대어 세우고 손발을 묶은 다음 매듭을 힘껏 잡아당겼어요.

우리가 섬 가까이 다가가자 세이렌들이 우리를 보고 소리치면서 매혹적인 목소리로 노래를 부르기 시작했어요.

'그리스의 자랑인 위대한 오디세우스여, 어서 오세요. 여기서 쉬면서 달콤한 음악을 들으세요. 가까이 와서 우리 노래를 듣지 않고 이 길을 항해하는 사람은 아무도 없어요. 그러면 우리의 노래와 우리의 비밀을 알게 되어 항해가 훨씬 더 즐거울 거예요. 당신들이 높이 솟은 트로이를 정복하기 전에 모두 고통을 견뎌 낸 것을 알아요. 우리는 이 풍성한 땅 위에서 과거와 미래의 일을 모두 볼 수 있어요.'

그녀들의 아름다운 노래가 계속되자 나는 음악에 취했어요. 나는 더 가까이 가서 세이렌의 노래를 듣기 위해 동료들에게 풀어 달라고 애원했어요. 하지만 그들은 더욱더 세게 노를 저었고, 페리메데스와 에우리코스는 나를 더 단단하게 묶었어요. 더 이상 세이렌들의 목소리가 들리지 않게 되자, 나의 충실한 동료들은 귀에서 왁스를 빼고 나를 풀어 주었어요.

새로운 위험들에 맞서서

우리는 무사히 세이렌의 섬을 지났지만, 나는 키르케가 말한 더 나쁜 장애물들을 생각하며 마음이 어두워졌어요.

그녀는 경고했었지요.

'일단 세이렌들의 섬을 떠나면 당신 앞에 두 개의 바닷길이 보일 거예요. 둘 다 매우 위험하지만, 어떤 것이 더 안전할지 결정하는 것은 바로 당신 몫이에요. 그보다 두 바닷길이 지닌 위험에 대해서 먼저 들으세요.

한 곳에서는 열렸다 닫혔다 하는 거대한 바위를 볼 수 있어요. 신들은 그것을 '플랑크테스'라고 불러요. 신에게 음식을 나르는 제우스의 비둘기들을 제외하고는 어떤 새도 그 사이를 날 수 없어요. 제우스가 항상 그 자리에 다른 것을 놓아 주지만, 그래도 그 바위는 무엇이든 하나씩 부숴 버린답니다.

만약 어떤 배가 그곳을 지나가려고 한다면, 바다는 곧 배의 파편으로 가득 차게 됩니다. 다른 바닷길에서도 당신은 두 개의 바위를 보게 될 것입니다.

하나는 하늘로 치솟아 있는데, 그 뾰족한 꼭대기는 항상 검은 구름으로 둘러싸여 있습니다. 스무 개의 팔과 다리를 가진 사람이라 해도 표면이 너무나 가파르고 미끄러워 절대로 꼭대기까지 갈 수는 없어요. 바위 중간쯤에 동굴이 하나 있는데, 아무리 유능한 궁수도 바다에서 그곳을 맞힐 수 없어요. 그 속에 등골이 오싹할 정도로 짖어 대는 괴물 스킬라가 살고 있어요. 사람은 말할 것도 없고 신조차 스킬라를 보고 싶어하지 않아요.

스킬라는 열두 개의 다리와 길고 꿈틀거리는 여섯 개의 목을 가지고 있는데 각각의 목마다 세 줄의 독 이빨을 가지고 있는 흉측한 머리가 붙어 있어요. 스킬라는 구멍에서 기다리고 있다가 뱀처럼 생긴 목을 바다에 밀어 넣어요. 그러고는 돌고래나 상어와 같은 먹이를 찾기 위해 파도 위를 샅샅이 살펴요.

어떤 배의 선장도 상처를 입지 않고 그 길을 통과했다고 자랑하는 사람은 없었어요. 스킬라의 머리들은 갑판의 선원들까지 낚아채니까요. 다른 바위는 처음 바위보다 좀 더 낮아요. 그 경사면에는 잎이 빽빽하게 붙어 있는 무화과 나무가 서 있는데, 그 안에 스킬라보다 더 무서운 괴물 카리브디스가 앉아 있어요. 카리브디스는 하루에 세 번씩 주위에 있는 바다를 빨아들이고는 무서운 힘으로 다시 내뱉어요.

카리브디스는 파도를 삼킬 때, 그곳에 있는 사람은 아무도 가만 두지 않았어요. 땅을 흔드는 포세이돈조차 카리브디스를 막지 못해요. 스킬라가 당신 부하의 반을 낚아챈다 해도 그 길을 통과하는 게 나을 거예요.'

그래서 내가 말했어요.

'카리브디스를 지나가는 것보다 스킬라가 내 부하를 잡으려고 내려올 때 공격할 수는 없을까요?'

그러자 그녀는 대답했어요.

'성급한 사람! 당신은 언제나 싸움과 전쟁만 생각하는군요. 오디세우스, 당신은 신에게까지 대항하려고 하나요? 스킬라는 인간 세상의 동물이 아니에요. 인간의 힘으로는 대적할 수 없는 야만적이고 소름끼치는 괴물입니다.

스킬라와 같이 이길 수 없는 괴물에게 영웅의 힘을 과시하는 건 아무 소용이 없어요. 당신이 아는 가장 현명한 방법으로 빨리 지나가는 게 좋아요. 그러지 않고 당신이 돌아서서 괴물과 싸우면 희생이 두 배로 커질 거예요.

당신이 할 수 있는 것은 그저 노를 저으면서, 세상으로 악을 보내기 위해 그녀를 낳은 그녀의 어머니 크라타이스

에게 기도하는 거예요. 그러면 그녀가 두 번씩이나 당신의 동료들을 낚아채게 하지는 않을 거예요.'

스킬라와 카리브디스 사이에서

나는 우리가 키르케의 섬으로 다시 돌아갔을 때, 그녀와 밤새도록 나누었던 대화를 생각하고 있었어요. 갑자기 우리는 하늘 높이 치솟는 거대한 파도를 맞았고, 쿵쿵 하는 소리를 들었어요. 두려움에 떠는 선원들이 노를 놓치는 바람에 배는 천천히 멈추었고, 나는 선원들을 격려하기 위해 앞으로 뛰어나갔어요.

나는 크게 소리쳤어요.

'친구들이여, 우리가 이러한 위험을 처음 겪는 것도 아니잖소. 우리는 지금 키클로프스의 동굴에서 겪었던 것보다 더 나쁜 상황이 아니오. 나는 그때 그대들이 밖으로 도망쳤을 때의 용기를 잊지 않았으리라 생각합니다. 그러니 친구들이여, 노를 다시 잡고 온 힘을 다해 저으시오."

그것이 그때 내가 그들에게 할 수 있는 최선의 말이었어요. 나는 그들이 다시 노를 놓고 웅크리고 있을까 봐 스킬라에 대해서는 말하지 않았지요.

공격하는 게 오히려 더 위험하다는 키르케의 충고를 무시하고, 나는 끝이 날카로운 창을 집어 들었어요. 그리고 소름끼치는 괴물이 나타나기를 기다렸지요. 동굴은 찾았지만 괴물을 보지 못했어요. 동굴의 깊은 구렁텅이 속을 쳐다보는 것만으로도 내 눈은 지치기 시작했어요.

한편 항구 쪽에서는 카리브디스가 무시무시한 힘으로 바닷물을 빨아들이고 있었어요. 바닥 위에 검은 모래가 그대로 드러날 때까지 으르렁거리면서 바닷물을 끌어당겼어요. 그러고 나서 카리브디스는 바닷물을 다시 내뿜었어요. 그러자 마치 큰 솥에서 들끓는 물처럼 거품이 일었지요. 동료들은 공포에 사로잡혀 얼굴빛이 창백해졌으며, 이제 곧 다가올 최후를 기다렸어요.

우리가 공포에 떨며 카리브디스를 바라보고 있을 때, 스킬라는 슬그머니 여섯 개의 머리를 들이밀며 배를 덮쳤어요. 그녀는 한순간에 여섯 명의 선원을 낚아채 갔어요.

그들이 몸부림치며 마지막까지 내 이름을 부르는 것을 듣고만 있었어요. 괴물은 톱니 같은 바위에 그들을 내던

지고는 먹기 시작했어요. 그들은 큰 소리로 비명을 지르며 도와 달라고 절망적으로 애원했어요. 전쟁과 항해를 하는 몇 년 동안, 나는 그 이상으로 끔찍한 광경을 본 적이 없었지요.

우리는 드디어 바위를 지나 카리브디스와 스킬라로부터 탈출했어요. 그러고는 곧 시원하고 깨끗한 하늘이 보이는 헬리오스의 트리나키 섬에 도착했어요. 우리는 아주 가까이에서 양과 소의 울음소리를 들을 수 있었지요. 그때가 마침 동물들이 우리로 돌아가는 저녁 시간이었어요.

나는 예언자 테이레시아스와 키르케가 경고했던 말을 생각해 내고는 동료들에게 말했어요.

태양신의 가축

'우리가 저승 세계에 갔을 때, 눈먼 예언자가 했던 말을 기억할 겁니다. 그리고 키르케가 나에게 했던 말을 덧붙이겠습니다. 이 섬에는 헬리오스의 두 딸 파에투사와 람페티아가 아버지의 가축을 지키고 있어요. 일곱 무리의 소 떼와 일곱 무리의 양 떼, 그리고 다른 50마리의 짐승들이지요. 그들의 숫자는 절대로 변하지 않아요. 이들은 새끼를 치거나 죽지 않으니까요. 우리가 건드리지만 않는다면 어떠한 위험이 기다린다 해도 우리는 고향으로 갈 수 있어요. 그러나 우리가 그들 중 하나라도 죽인다면 우리는 거친 바다 위에서 죽음을 맞게 될 것이오. 그러기 위해서는 헬리오스의 섬을 밟지 않는 것만이 우리가 선택할 수 있는 가장 현명한 방법이오.'

내 말이 끝나자 동료들은 마치 가슴이 무너지는 것 같은 표정을 지었으며, 에우리코스는 화를 내며 대꾸했어요.

'오디세우스, 당신은 정말 무정하고 완고한 사람이오! 당신은 우리들이 많이 지쳤다고 생각하지 않소. 우리가 저 바닷가에서 배를 채우고 피곤이 풀릴 때까지 쉬게 해 주지 않는다면, 당신은 아마도 인간이 아닐 거요. 당신은 밤에 폭풍우가 가장 심하다는 것을 알면서 진심으로 우리가 항해하기를 원한단 말이오.'

사람들은 아무도 내 편이 아니었어요. 어쩐지 나는 우리가 재앙을 피하지 못할 거라는 생각이 들었지요.

'에우리코스, 너는 여기 있는 사람들의 입장을 생각하라고 말했다. 그렇지만 여러분, 나는 여러분들이 키르케가 준 음식만 먹고 어떤 동물에게도 손대지 않겠다고 맹세해 주기를 바라오.'

그들이 맹세하자 우리는 섬 쪽으로 항해해 들어가 만에서 닻을 내렸어요. 만에는 달콤한 물이 흐르는 샘이 하나 있었지요. 우리는 바닷가로 올라가 허기진 배를 채웠어요. 배고픔이 가시자 우리는 피곤에 지쳐 쓰러져 잠들 때까지 스킬라가 낚아채 간 동료들을 위해 기도했어요.

새벽이 오기 직전에 우리는 심한 폭풍우 때문에 잠이 깼어요. 하늘은 온통 먹구름으로 뒤덮였고 바다는 격렬하게 소용돌이쳤어요. 우리는 배를 바닷가로 끌어올려 동굴 속에 숨겼어요. 모든 것이 안전하게 치워졌을 때 나는 다시 동료들에게 말했어요.

'동료들이여, 우리는 배에 충분한 음식이 있소. 빵과 포도주 등 부족한 게 하나도 없소. 그러니 어느 누구도 헬리오스의 소를 훔칠 생각은 하지 마시오. 신들이 높은 곳에서 우리를 지켜보고 있을 거요.'

그들 모두 내 말에 동의했어요. 그러나 한 달 내내 돌풍이 세차게 몰아치는 바람에 우리는 동굴 밖으로 한 발자국도 나갈 수가 없었어요. 빵과 포도주마저 다 떨어지자 동료들은 먹을 것을 찾아 폭풍우와 과감히 맞설 수밖에 없었지요. 그들은 조개와 새, 그들이 구할 수 있는 모든 것을 먹었어요. 그러나 배고픔을 달래기에는 턱없이 부족한 양이었지요.

마침내 나는 우리가 고향으로 가는 길을 방해하지 않도록 신들에게 간청하기 위해 부하들 몰래 섬으로 들어갔어요. 내가 기도를 끝내자 신들은 내 눈에 하염없이 달콤한 잠을 불어넣었어요.

내가 동료들과 떨어져 자고 있을 때, 기회를 잡은 에우리코스가 동료들에게 가장 유혹적인 제안을 했지요.

'불쌍하고 고통스런 나의 친구들이여, 모든 죽음은 슬프다. 그러나 굶어 죽는 것보다 더 슬픈 일은 없지. 그래서 하는 말인데, 가장 좋은 가축을 찾아 신에게 바치는 게 어때? 우리가 이타케에 돌아가서 헬리오스를 위해 훌륭하고 멋있는 사원을 짓고 좋은 것들로 가득 채우면 돼. 설령 그가 화가 나서 우리 배를 가라앉힌다고 해도, 항해하는 도중에 굶어 죽는 것보다는 바다 밑에 내려가 소금물을 먹는 게 낫겠어!'

그의 말은 동료들의 열렬한 환영을 받았어요.

그들은 즉시 가장 좋은 가축을 골라 올림포스의 신들에게 바치고는 보리 음식과 포도주 대신 참나무 잎과 물을 뿌려 의식을 지냈어요. 그런 다음 고기를 먹기 위해 쇠꼬챙이에 꽂아 불 위에 올려놓았어요.

나는 잠에서 깨어나 배가 있는 곳으로 갔어요. 내가 가까이 갔을 때는 이미 고기 타는 연기와 기름 냄새가 온 사방에 가득 퍼져 있었지요.

나는 절망적인 심정이 되어 하늘을 향해 소리쳤어요.

'오, 영원한 신들이여. 왜 당신들은 나를 잠들게 하고, 내 동료들이 이런 무서운 짓을 저지르도록 내버려 두는 겁니까?'

그때 헬리오스는 람페티아로부터 무슨 일이 일어났는지 이미 들어서 알고 있었어요. 그는 굉장히 흥분하여 울부짖었지요.

'위대한 제우스여, 그리고 올림포스에 사는 다른 신들이여. 내가 하늘에서 보고 있는데도 사랑하는 내 가축을 죽인 저 사악한 인간들에게 무서운 대가를 치르도록 하세요! 그들에게 벌을 내리지 않는다면 나는 나 자신을 저승 세계에 묻을 거요. 그리하여 내 빛이 죽음의 왕국에 비치도록 할 거요!'

 제우스는 곧 헬리오스의 요구에 답을 내려 주었어요.

 '헬리오스, 당신은 언제나처럼 당신의 빛을 신들과 인간에게 주시오.'

 그리고 그는 다시 말했어요.

 '그들이 넓은 바다 한가운데를 항해할 때, 불벼락을 내려 배를 두 조각 내 버리겠다고 약속하겠소.'

 여러분은 어떻게 내가 신의 대답을 알 수 있는지 궁금하시겠지요? 그것은 칼립소가 내게 해 준 말이에요. 그녀 또한 신이며, 신들 사이에도 소문이 도는 법이거든요.

 내가 동료들에게 돌아갔을 때, 나는 거기서 벌어지고 있는 일에 입을 다물 수가 없었어요.

 어리석은 그들은 신들이 무서운 경고를 보내는데도 헬

리오스가 소중히 여기는 소들을 다 먹어치웠어요. 벗겨진 짐승 가죽이 땅 위에 굴러다니고 가축 소리가 귀에 계속 들리는 것 같았지요.

마지막 동료들을 잃다

섬에 도착한 지 7일째 되는 날, 바람이 멈추어서 우리는 배를 타고 바다로 나갔어요. 섬이 눈에서 멀어지자 하늘과 물밖에 보이지 않았어요. 그때 갑자기 먹구름이 우리 머리 위에 펼쳐지며 바다를 온통 깜깜하게 만들었답니다.

잠시 뒤 화난 서풍이 몰려와 돛대를 부러뜨리면서 키잡이의 머리를 내리쳤어요. 불쌍한 친구! 그의 영혼이 하늘로 날아가는 동안, 생명 없는 몸은 파도 밑으로 떨어져 버렸지요.

그때 갑자기 제우스가 번쩍 하며 불벼락을 내렸어요. 배는 숨막히는 지옥불 같은 열기로 가득 찼어요. 동료들은 바다로 뛰어들었고, 신들은 고향으로 향하는 그들의 여정에 막을 내렸지요.

나는 떠다니는 돛대를 붙잡고, 거친 바람과 파도에 몸

을 맡긴 채 그들의 처분만을 기다리고 있었어요.

곧 서풍이 멈추고 남쪽에서 돌풍이 불어 와 나를 더 깊은 위험 속으로 몰아넣었어요. 온 힘을 다해 울부짖는 바람 소리와 함께 나를 스킬라와 카리브디스의 손아귀로 말이에요. 아침이 되어 해가 높이 떠올랐을 때, 해협 바로 뒤에 있던 나는 결국 카리브디스가 바닷물을 빨아들이며 일으키는 소용돌이에 휘말려 바위 속으로 빨려 들어가고 말았지요.

나는 남아 있는 마지막 힘을 다해, 빙빙 도는 소용돌이 속에 거꾸로 매달린 야생 전나무 가지를 붙잡을 수 있었어요. 나는 박쥐처럼 거꾸로 매달려서 카리브디스가 물을 다시 뿜어 낼 때를 기다렸어요.

그런데 카리브디스가 물을 다시 한 번 뿜어 내기 전에 나는 우연히 뗏목을 발견하게 되었어요. 나는 파도 밑으로 들어가 헤엄쳐서 뗏목에 올라탄 다음, 손으로 노를 저어 내가 낼 수 있는 최고 속도로 그 저주받은 해협을 벗어났어요. 아무래도 제우스가 무서운 스킬라의 눈을 피해 나를 숨겨 준 게 틀림없어요. 그렇지 않으면 나는 살아 나오지 못했을 겁니다.

9일 동안 나는 파도에 시달렸고, 열흘째 되는 날 드디어 칼립소의 섬에 도착했어요. 그 여신은 아름다웠지만 정말 지독했어요. 그녀는 나를 돌봐 주며 자신의 사랑을 모두 쏟아 부었지요.

그런데 왜 그 이야기를 반복하는 거지요? 나는 어젯밤에 궁전에서 이미 칼립소의 이야기를 했습니다. 두 번째 하는 이야기에 누가 흥미를 가지겠어요?"

오디세우스는
어떻게 이타케로 돌아왔는가

오디세우스가 이야기를 끝내자 어둡고 넓은 방 안은 마치 마술에 걸린 것처럼 고요했다. 알키노오스는 너무나 감동하여 그에게 더 많은 선물을 주기로 하고, 다른 귀족들도 왕의 뜻에 따랐다.

그동안 배가 준비되었다. 오디세우스는 다음 날 해가 질 무렵 항해를 시작하기로 했다. 동이 트자 알키노오스는 선물을 배에 안전하게 옮겨 싣는지 보기 위해 부두로 나갔다.

곧 헤어지는 아쉬움을 달래기 위한 잔치가 준비되었다.

소가 통째로 구워지고, 최고의 음유 시인 데모도코스는 사람들이 좋아하는 노래를 불렀다. 오디세우스는 고향으로 돌아가기 위한 조바심으로, 빨리 해가 지기를 바라며 하늘을 쳐다보고 있었다.

황혼이 수평선 위로 낮게 깔리자, 그들은 모두 일어나 포도주 잔을 채웠다. 오디세우스가 먼저 알키노오스에게 축배를 들어, 그가 백성들의 사랑을 받으며 행복하게 오랫동안 나라를 다스리게 되기를 빌었다. 그러고 나서 아레테에게 잔을 건네며 말했다.

"세상에서 가장 우아한 왕비시여, 부디 당신과 함께하는 모든 것이 잘 되기를, 건강과 가족의 기쁨이 함께하기를 빕니다."

오디세우스는 이 말을 마지막으로 남기고는 문으로 걸어갔다. 그의 눈에는 눈물이 빛났다.

해가 지자 오디세우스는 배에 올라 선원들이 안내해 준 깨끗한 자리에 누웠다. 선원들은 노를 젓기 위해 앉았고 배는 마침내 출발했다. 그동안 신들은 오디세우스를 잠에 빠지게 했다. 그는 너무 달콤하고 기분 좋은 잠에 빠져 마치 죽은 듯이 잤다.

숫말보다 더 빠른 파이아케스 인의 배는 파도를 뛰어 건넜다. 하늘을 나는 매일지라도 이 배의 속도를 따르지는 못할 것이다. 신들만큼이나 지혜로운 사람을 고향으로 데려다 주기 위해 배는 최고의 속도를 높여 앞으로 나아갔다. 그러나 오디세우스는 지금 모든 고통을 잊고 조용히 잠들어 있었다.

이타케에 상륙한 오디세우스

배는 밤새도록 바다를 가르며 항해했다. 밝은 아침 해가 떴을 때에는 벌써 이타케가 보이기 시작했다. 그들은 '포르키스'라고 하는 항구에 상륙했다. 포르키스에는 두 개의 샘이 딸린 동굴이 있고 그 앞에 올리브 나무가 있었다. 그리고 님프인 나이아데스가 살고 있는 신성하고 아름다운 곳이었다.

그곳에는 돌로 만들어진 포도주 항아리와 꿀벌들의 벌집이 있었다. 물에 살고 있는 님프는 살아 있는 돌로 조각한 베틀에 앉아 보기에도 경이로운 바다 제왕의 옷을 짰다.

동굴에는 두 개의 문이 있었는데, 하나는 북쪽으로, 다른 하나는 남쪽으로 나 있었다. 남쪽으로 난 문은 오직 신을 위한 것으로 사람은 드나들 수 없었다.

파이아케스 선원들은 이 만에 익숙해서 빠른 속도로 바닷가에 배를 대어 놓았다. 그러나 오디세우스는 여전히 잠들어 있었다. 선원들은 그를 깨우지 않은 채 모래 위에 옮겨 놓은 다음 모든 선물을 배에서 내려 그의 옆에 쌓았다. 일이 끝나자 그들은 다시 배에 올라 열심히 노를 저어 집으로 돌아가기 시작했다.

포세이돈은 파이아케스 사람들에게 무척 화가 났다. 그는 언젠가는 오디세우스가 고향으로 돌아갈 것임을 알고 있었다. 그러나 그를 너무 안전하고 편하게 이타케로 데려다주고, 그에게 많은 선물을 준 것에 대해 화가 났다. 그리하여 파이아케스 사람들의 배가 항구로 들어올 때, 포세이돈은 그 배를 돌로 만들어서 영원히 파도에 부딪히게 했다.

알키노오스는 이 모습을 보며 슬퍼서 머리를 흔들었다.

그는 언젠가 아버지가 들려 주었던 예언을 기억해 내고는 곧 백성들을 불러 바다의 신에게 좋은 제물을 바치게 했다.

그리고 포세이돈이 자신들을 불쌍히 여겨 파도로 도시를 덮치지 않게 해 달라고 빌었다.

그 무렵 오디세우스는 잠에서 깨어나 주위를 둘러보았다. 그는 고향 땅을 알아보지 못했다. 아테나가 짙은 안개를 깔아 놓았기 때문이다. 아테나는 오디세우스가 구혼자들에게 벌을 내릴 때까지 그가 다른 사람들 눈에 띄는 것을 바라지 않았다.

오디세우스는 절망에 빠져 신음하듯 말했다.

"지금 나는 어디에 있는 것인가? 여기 사람들이 신을 숭배하지 않고 법을 모르는 무서운 사람들이라면, 이 보물들을 어떻게 해야 하지?"

오디세우스는 자신이 또다시 방랑하게 될까 봐 걱정하며 비탄에 잠겨 있었다. 그때 아테네가 젊은 목동의 모습으로 다가왔다.

목동을 발견한 오디세우스는 그에게 다가가, 이 나그네

를 불쌍히 여겨 이 땅이 어딘지 말해 달라고 부탁했다.

목동은 깜짝 놀란 듯한 표정으로 대답했다.

"나그네여, 당신은 정말 이곳을 모른단 말이오? 이곳을 모르는 사람은 아무도 없소. 세상의 먼 구석에서도, 해가 뜨는 동쪽 끝과 해가 지는 서쪽 끝에 있는 수천의 사람들이 당신에게 여기가 어딘지 말해 줄 수 있을 거요. 이곳은 바위가 많은 나라이고, 말이나 마차가 다니는 길은 없지만 가난하지는 않아요. 여기서는 보리와 밀이 잘 자라고, 비가 많이 와서 염소와 소를 방목할 무성한 풀도 아주 많아요. 또 여러 종류의 나무와 샘에서는 맑은 물이 콸콸 넘쳐 흐르지요. 낯선 이여, 당신은 유명한 이타케 섬 위에 있는 것입니다."

오디세우스의 가슴은 벅차올랐다. 그러나 그는 드러내 놓고 기뻐할 수 없었다. 자신의 신분이 밝혀지지 않도록 주의하며 목동에게 이야기를 꾸며서 말했다.

"트로이에서 싸울 때 우리는 이타케에 대해 많은 이야기를 들었어요. 내가 많은 보물을 가지고 여기에 온 것도 크레타에서 도망쳤기 때문이오. 거기서 나는 이도메네우스의 아들 오르실로코스를 죽였어요. 그는 전쟁에서 얻은 나의 전리품을 뺏으려다 마땅한 벌을 받은 거지요.

나는 바닷가로 내려가 장사하는 배를 발견하고 필로스나 엘리스로 데려다 달라고 하며 선원에게 많은 뱃삯을 주었소. 그러나 바람이 반대로 불어 여기에 도착한 것 같소. 이곳에 도착했을 때 우리는 너무 지쳐서 바닷가에서 휴식을 취했어요. 내가 모래에 머리를 대자마자 잠이 드는 바람에 다른 사람들은 나를 깨우지 않고 그냥 떠나 버렸소. 그러나 그들은 내 보물에는 하나도 손대지 않은 것 같소."

아테나는 그의 말을 듣고 웃었다. 그러고는 다시 여자 모습으로 변하여 다정하게 그의 뺨을 어루만지면서 말했다.

"오디세우스, 당신은 아무도 못 말리겠어요. 신도 교활하고 창의적인 면에서는 당신을 이길 수 없을 거요. 그러나 당신도 이 아테나는 알아보지 못했군요. 나는 당신을 돕기 위해 다시 왔소. 당신은 아직도 견뎌 내야 할 위험이 많은 운명에 처해 있기 때문이오. 이번에는 바로 당신 집안에서 위험이 기다리고 있으니 절대로 다른 사람에게 당신이 누구인지 말하지 않아야 하오. 조금만 더 참고 조용히 견디시오."

오디세우스는 아테나에게 말했다.

"여신이시여, 당신은 당신이 원하는 대로 변할 수 있는데, 내가 어떻게 알 수 있겠어요? 내가 트로이에서 싸울 때 당신이 나를 지켜 주었다는 것을 잊지 않고 있어요. 그러나 내가 집으로 돌아오기 위해 항해를 시작할 때는 그렇지 못했어요. 나는 당신을 한 번도 볼 수가 없었고 불행이 내 발걸음을 따라다녔소. 그렇지만 파이아케스 인의 땅에 도착해서 다시 한 번 내 곁에 있는 당신을 보았소. 그렇다면 내가 정말 그렇게 그리던 고향에 도착한 게 맞아요? 말해 주세요."

"맞아요, 오디세우스. 그러나 포세이돈이 당신을 따라다니는 동안 내가 당신을 돕지 못했다고 불평하지 말아요. 바다 왕국은 그가 다스리고 있고 게다가 그는 내 아버지의 동생이잖아요. 그러나 당신은 이타케에 다시 왔고 이렇게 내가 당신을 돕고 있잖아요."

그녀는 이렇게 말하면서 안개를 걷었다.

"당신 주변을 돌아보아요. 여기는 포르키스 항구이고, 뒤에 동굴이 있는 올리브 나무가 있고, 당신은 여기 와서 님프들에게 제물을 바치곤 했지요."

오디세우스는 모든 어려움을 이겨 내고 결국 아버지의 땅을 보게 된 기쁨으로 가슴이 벅차올랐다. 그는 눈물을 흘리며 꿇어앉아 사랑하는 땅에 입맞춤했다.

그러나 아테나는 그가 오랫동안 울게 내버려 두지 않았다.

"오디세우스, 서둘러요. 우리는 머뭇거릴 시간이 없어요."

그녀는 다시 한 번 경고했다.

"우선 아무도 보물에 손을 대지 못하도록 동굴 속에 숨깁시다. 그러고 나서 무엇부터 해야 하는지 생각해 봅시다."

포르키스 항구

보물들을 안전하게 숨긴 다음, 아테나는 오디세우스에

게 구혼자들에 대해 이야기했다. 그녀가 이야기를 마치면서 덧붙였다.

"이제 모든 게 당신한테 달려 있어요. 3년 동안 이 악한 들은 당신 집과 가족들을 괴롭히며 재산을 축내고 당신 부인을 고통스럽게 만들고 있어요. 이제 그들을 물리칠 시간이 되었어요."

오디세우스는 아테나의 세심한 배려가 너무나 고마워서 어떻게 표현할 수가 없었다.

잠시 뒤에 그가 말했다.

"경애하는 여신이시여, 당신의 도움 없이 내가 궁전에 발을 들여 놓았더라면 아가멤논과 같은 운명을 만났을지도 모릅니다. 그러나 당신이 내 편이니 그들은 적절한 대가를 치르게 될 것입니다."

그러자 아테나가 대답했다.

"오디세우스, 나는 당신과 함께 갈 것입니다. 그러나 우선 당신이 돌아온 것을 아무도 알아보지 못하게 만들어야 합니다. 그런 다음에 당신의 충성스런 돼지치기 에우마이오스를 방문해야 합니다.

그동안 나는 서둘러 텔레마코스를 만나 그에게 돌아오라고 말해야 해요. 그는 당신에 대한 새 소식을 얻으려고 멀리 스파르타로 갔어요."

오디세우스는 몹시 불만스러운 듯 말했다.

"여신이여, 왜 그를 그곳까지 가게 했습니까? 낯선 이들은 여기서 우리 집을 황폐하게 만들고 있는데, 당신은 그 불쌍한 아이를 아무것도 얻을 게 없는 먼 나라로 보내 헤매게 하는 것입니까?"

그러나 아테나는 오디세우스를 안심시켰다.

"텔레마코스에 대해서는 걱정 마시오. 그는 스파르타에서 아주 훌륭한 대접을 받으며 시간을 보내고 있어요. 구혼자들은 그가 항해에서 돌아오면 그를 죽이려고 숨어 있지만, 오히려 자신들의 죽음이 기다리고 있는 것도 모르고······."

여신은 이 말을 하며 자신의 홀을 오디세우스 위에 놓았다. 그러자 그는 곧 가난과 불행한 삶으로 찌든 주름살 투성이의 대머리 늙은 거지로 변했다.

아테나는 다시 오디세우스에게 너덜너덜하고 고약한

냄새가 나는 누더기를 입히고는 지팡이도 하나 주었다.

아테나는 오디세우스에게 작별 인사를 하고 곧 스파르타로 떠났다.

그동안 오디세우스는 여신의 말에 따라 충성스런 돼지치기의 오두막을 향해 걸어갔다.

에우마이오스의 오두막

오두막에 도착하기까지는 그리 오랜 시간이 걸리지 않았다. 오디세우스가 가까이 오는 소리를 듣고 개들이 극성스럽게 짖으며 달려들자 에우마이오스가 달려나와 그들을 쫓았다.

그는 한숨을 내쉬며 오디세우스에게 말했다.

"노인장, 정말 아슬아슬했소. 하마터면 물릴 뻔했소. 당신이 얼마나 소리를 질렀는지? 마치 내 죄를 꾸짖기라도 하듯이 말이오. 신만이 아는 먼 나라에서 나의 훌륭한 주인은 빵 한 조각에 감사해하며 지낼지도 모르는데, 나는 밤낮으로 사악한 게으름뱅이들을 먹이기 위해 일하고 있으니……, 그가 살아 있기나 한 것인지. 어쨌든 들어와 뭘

좀 드시고 당신이 누군지, 어떻게 이곳에 오게 되었는지 이야기해 주시겠소?"

에우마이오스의 친절한 말은 오디세우스의 마음을 훈훈하게 해 주었다.

오디세우스가 그에게 대답했다.

"이렇게 다정하게 환영해 준 당신의 소망이 이루어지기를, 하늘에서 모든 것을 보고 있는 제우스께 빌겠소."

"나그네여, 제우스께서 나에게 보내 준 사람들에게 소홀히 대하는 것은 옳지 않다고 생각해요. 당신처럼 초라한 사람이라 할지라도 말이오. 만약에 내 주인이 당신 자리에 서 있다면 얼마나 좋겠소! 그는 나에게 집, 땅 그리고 예쁜 아내를 주면서 그의 사랑을 보여 주었어요. 슬프도다. 그러나 그는 죽었고 이젠 여기에 없어요."

에우마이오스는 무척 슬픈 듯이 말하며 돼지우리에 가서 돼지 한 마리를 잡았다. 고기가 잘 구워지자 그는 뜨거운 고기를 꼬챙이에 낀 채 가져왔다. 그러고 나서 컵에 포도주를 부어 오디세우스에게 주고는 말했다.

"드시지요. 우리 노예들은 이런 야위고 어린 돼지를 먹고 있는데, 살찐 수퇘지는 자기들이 저지르는 죄도 모르고 신을 두려워하는 마음도 없는 구혼자들을 먹이기 위해 가져간다는 게 정말 괴롭습니다.

아마도 그들은 벌써 우리 주인이 죽었다는 것을 알고

있기에, 페넬로페가 그들을 원치 않는다는 것을 알면서도 주인의 재산을 축내고 하녀들과 즐기면서 머물러 있을 거요. 나는 매일 아침 가장 좋은 돼지를 골라서 귀족들에게 보낼 수밖에 없어요."

오디세우스는 에우마이오스의 친절에 고마운 마음으로 식사를 하고 그가 마실 수 있도록 컵을 건네면서 물었다.

"친구여, 당신의 주인이 누구인지 내게 말해 줄 수 있소? 나는 세계의 많은 나라를 돌아다니면서 많은 사람을 만났기 때문에 어디선가 그를 만났을지도 모릅니다."

돼지치기는 정직하게 대답했다.

"아니오, 아니오, 노인장. 여행자들 중에 나의 주인에 대해 아는 사람은 아무도 없었소. 이 길을 지나가는 많은 사람들이 그저 음식 한 접시 얻어먹으려고 궁전에 가서 거짓말 보따리를 풀어 놓았소. 이타케에 온 거지들은 반드시 왕비에게 그런 거짓말을 했소.

왕비님이 그들을 불러 물어 보았지만, 언제나 실망만 안겨 주고 눈물만 흘리게 할 뿐이었소. 만약에 당신이 새 옷을 얻기 원한다면 왕비에게 거짓말을 늘어놓으면 될 것이오. 그러나 우리 주인의 뼈는 이미 사나운 개나 새에 의해 깨끗이 갉아 먹혔을 겁니다. 아니면 물고기가 그를 먹어 버려, 그의 하얗게 바랜 뼈가 먼 바닷가의 모래에 묻혀 있을 수도 있겠지요.

주인은 가족들에게, 누구보다도 나에게 슬픈 고통을 남기고 그렇게 가 버린 게 틀림없어요. 나를 사랑하며 키워 준 부모와 헤어졌을 때, 나는 그들을 무척 그리워하며 보고 싶어했소. 그러나 지금 내가 오디세우스를 그리워하는 것에는 댈 게 아니오. 내가 이렇게 그의 이름을 부르는 게 불경한 짓이기는 하지만."

오디세우스가 침착하게 대답했다.

"친구여, 당신이 나를 거짓말쟁이라고 해도 좋소. 그러나 당신 주인이 돌아오고 있다는 것을 분명히 알고 있소. 내가 새 옷을 얻기 위해 거짓말한다고 생각하지 마시오. 새 옷을 주려거든 그가 돌아온 뒤에 주시오. 내가 지옥의 문보다 더 싫어하는 게 바로 거짓말이오. 맹세하건대, 모든 것은 내가 말한 대로 이루어질 것이오. 머지않아 왕은 돌아올 것이오. 그가 돌아오면 부인과 훌륭한 아들, 그를 사랑한 모든 사람을 업신여긴 그들에게 심한 벌을 내릴 것이오."

에우마이오스는 슬픈 목소리로 대답했다.

"노인장, 선물은 기대하지 마시오. 왜냐하면 주인은 절대 돌아오지 못할 테니까요. 자, 포도주를 마시고 다른 이야기를 합시다. 당신의 이야기를 들으니 주인이 더 보고 싶어 가슴이 무너지는군요. 그러니 더 이상 큰 맹세는 하지 마시오. 단지 이렇게 말하세요.

'오디세우스가 돌아왔으면 좋겠어요. 페넬로페도, 늙은 라에르테스 그리고 훌륭한 젊은이 텔레마코스도 마찬가지일 겁니다.'라고요. 아, 나는 텔레마코스가 불쌍해요. 그는 아버지에 대한 소식을 듣기 위해 스파르타로 가 버렸소. 구혼자들은 그가 이타케로 돌아올 때 그를 죽이려고 덫을 놓고 있어요. 자, 이제 당신의 처지에 대해 이야기하시오. 당신은 누구요? 당신은 어디서 어떻게 우리 섬에 오게 되었소?"

오디세우스는 착한 돼지치기에게 진실을 밝히고 싶었

지만 아직 그럴 수가 없었다.

그래서 그는 거짓으로 대답했다.

"나는 크레타의 부유한 땅에서 왔소. 아버지가 돌아가시면서 우리 형제에게 많은 재산을 남겼소. 그러나 우리는 어머니가 달랐기 때문에 형들은 나에게 재산을 아주 조금만 나누어 주었어요. 그렇지만 나는 부유한 가정의 훌륭한 여자와 결혼했고, 절대 겁쟁이가 아니기 때문에 전쟁을 피해 달아나지 않았소. 나는 항상 죽음을 두려워하지 않고 전사들의 앞줄에 섰소. 또한 바다를 좋아하여 아홉 번이나 배를 탔고 많은 재산을 모았소. 나는 트로이에도 갔었소.

사실 모두들 갔으니까 선택의 여지가 없었지. 나는 다시 돌아온 뒤에도 오랫동안 내가 사랑하는 사람들과 잘 지내지 못했소. 오로지 모험을 하기만 바라며 다시 이집트로 떠났소. 나는 거기서 7년이나 보냈고 거의 구사일생으로 살아났소. 그곳에서 그 전보다 더 많은 재산을 모았소.

그러나 결국 포이시키안에게 속고 말았소. 그는 나에게

자신과 함께 가면 금을 더 많이 모을 수 있다고 꾀었소. 그래서 나는 보물을 모두 싣고 배에 탔소.

그렇지만 나는 곧 함정에 빠졌다는 것을 깨달았소. 그는 나쁜 목적을 갖고 나를 리비아로 데려가려 했던 거요. 어쨌든 제우스는 그에게 불벼락을 보내 배를 태워 버렸소. 우리는 둘 다 파도 속에서 허우적거렸는데 다행히 제우스가 내 쪽으로 돛대를 보내 주어서 거기에 매달렸소.

나는 성난 바다에 대항해서 아흐레 동안이나 싸웠고, 열흘째 되는 날 테스프로티안의 땅에 있는 바닷가에 던져졌소. 왕의 아들이 나를 발견하고는 가엾게 여겨 자신의 아버지 페이돈에게 데려갔어요.

그는 나에게 입을 옷을 주고 안으로 들어오게 했소. 그 섬에서 나는 오디세우스 소식을 듣게 되었소. 페이돈 왕은 그를 무척 귀한 손님으로 대접하고 있었소. 그는 나에게 오디세우스가 가져온 구리, 금, 철 같은 보물을 보여 주었소. 그것은 정말 어마어마하게 많은 양이었소! 그런데 오디세우스는 고향으로 돌아갈 방법을 알기 위해 도도나의 신탁에 가 버리고 없었기 때문에 나는 직접 그를 보지는 못했소.

 왕은 그를 이타케로 돌려 보낼 배를 준비하며 기다리고 있다고 했소. 그렇지만 나는 둘리키온으로 가는 배를 타고 일찍 떠났소. 그런데 배가 바다로 나가자마자 선원들은 나를 노예로 팔기 위해 내 옷을 벗기고, 지금 내가 입고 있는 고약한 냄새가 나는 누더기를 입혔소.

 그날 저녁 우리는 이타케에 도착해 인적이 드문 후미진 곳에 닻을 내렸소. 그들은 배에 나를 단단히 묶어 놓은 채 먹을 것을 찾기 위해 뭍으로 갔소. 나는 남아 있는 힘을 다해 겨우 끈을 끊은 뒤, 몰래 다른 바닷가로 헤엄쳐 달아났소. 다음 날 아침 그들은 나를 애타게 찾았지만 소용없었소.

 결국 그들은 다시 배를 타고 가 버렸소. 그들이 떠나는 것을 보고 난 뒤, 나는 친절한 마음을 가진 당신의 오두막에 닿을 때까지 언덕길을 걸어 올라왔소. 나는 살아날 운명이었던 것 같소."

많은 것을 알게 된 오디세우스

에우마이오스는 그의 주인이 살아서 돌아올 거라는 진실만 빼고 나머지 거짓말은 모두 믿었다.

그는 노인을 원망하는 눈치였다.

"나그네여, 그동안 당신이 고통을 겪었던 이야기를 들으니 마음이 아프군요. 그러나 당신은 나의 주인인 오디세우스에 대한 이야기는 하지 않는 게 나았어요.

나는 그가 나쁜 운명을 만났다는 것을 알아요. 만약에 그가 트로이에서 영웅다운 죽음을 맞았다면 그리스 사람들은 그를 추모하며 높은 기념비를 세웠을 것이오. 그러나 이제 그는 이름도 없는 죽음을 맞았을 게 분명하니 그의 혼령은 보고 싶지 않소. 페넬로페가 어떤 사람이 새로운 소식을 가지고 왔다고 전할 때만 나는 도시로 내려갔소. 그러면 페넬로페와 가족은 모두 자리에 앉아 새로 온 사람에게 자세히 질문을 했지요. 모두들 낯선 땅에서 죽은 왕 때문에 슬피 우는 동안, 그들은 정신없이 먹어 대기만 했어요.

나는 아이톨리안에게 속은 뒤로는 더 이상 아무것도 믿

지 않소. 그는 나에게 크레타에서 오디세우스를 보았다고 말했어요. 그는 배를 고치고 있었는데, 전리품을 싣고 여름이나 늦어도 가을까지는 여기에 올 거라고 했소. 불행한 당신도 신의 도움을 받아 여기까지 왔소. 거짓말을 하면서 나의 환심을 사려고 애쓰지 마시오. 그렇게 되면 결국 당신은 아무 곳으로도 갈 수 없어요. 내가 당신을 돕고 싶은 것은 당신이 겪은 고통을 불쌍히 여기기 때문이오. 아마 제우스도 마찬가지일 거요."

오디세우스가 대답했다.

"이렇게 사람 말을 믿지 않는 사람은 처음 보았소. 내 말이 당신에게는 아무 소용 없다는 걸 알아요. 자, 그럼 우리 내기합시다. 신이 우리의 증인이 되어 주기를 바라오. 만약 내가 말한 대로 당신의 주인이 정말 돌아오게 된다면, 새 소식을 가져온 나에게 속옷과 겉옷을 선물로 주어 나를 둘리키온으로 보내 주시오. 그러나 만약 오디세우스가 돌아오지 않는다면 노예들에게 높은 절벽에서 나를 떨어뜨려 버리라고 명령하시오. 잘못된 맹세를 하는 모든 거짓말쟁이에게 무서운 경고를 하기 위해서 말이오."

그러자 에우마이오스가 깜짝 놀라며 말했다.

"뭐라고요? 내가 음식을 대접하고 잠자리를 제공한 사람들을 죽음으로 몬다면, 어떻게 얼굴을 들고 살 수 있겠소. 당신의 마음은 충분히 알았으니 이제 그만 됐소. 저녁 식사 시간이 다 되었소. 지금 나를 도와 줄 두 사람이 여기 올 것이오."

잠시 뒤에 목동들이 왔다. 에우마이오스는 그들에게 이곳에 온 손님을 위해 살찐 돼지를 골라 잡으라고 명령했다. 그는 돼지를 준비하여 구운 뒤 일곱 조각으로 나누었다. 하나는 숲 속의 님프들을 위해, 하나는 헤르메스를 위해, 살을 발라 낸 돼지 갈비는 먼 곳에서 죽은 주인을 위해, 나머지 네 개는 그들이 먹기 위해 나누었다.

오디세우스가 말했다.

"에우마이오스, 제우스가 불행한 주인을 존경하는 당신의 모습을 보여 주어 내가 당신을 사랑하게 된 만큼, 그 또한 당신을 사랑하게 되기를 바라오."

그들은 배불리 먹은 다음 잠자리를 준비했다. 에우마이오스는 오디세우스를 위해 난로 옆에 양가죽을 깔아 주고, 자신은 돼지우리 옆 바위 밑으로 자러 갔다. 오디세우스는 주인의 재산을 지키는 충성스런 돼지치기를 보자 진심으로 기뻤다.

오디세우스가 에우마이오스의 오두막에 누워 있을 때, 그의 아들 텔레마코스는 메넬라오스의 궁전에서 은 장식이 있는 침대에 누워 있었다.

텔레마코스가 선잠을 자고 있을 때 아테나 여신은 그의 꿈속에 나타나 이제 집을 향해 떠날 시간이라고 말해 주었다.

"구혼자들이 세임 해협에서 너를 기다리고 있다. 그들은 네가 탄 배를 공격해 너를 죽이려는 계획을 세우고 있다. 그러니 너는 그 길로 가지 말고 이타케의 사람이 살지 않는 바닷가로 가고, 동료들만 항구로 들어가도록 해라.

너는 도시에서 멀리 떨어져 머물며, 언제나 진심으로 너를 가장 아끼는 돼지치기 에우마이오스의 오두막으로 가라. 그곳에서 밤을 보내고, 아침이 되었을 때 네가 도착한다는 것을 어머니에게 알려라. 그러면 네 어머니는 안심할 것이다."

다음 날, 텔레마코스와 페이시스트로토스는 메넬라오스에게 작별 인사를 하고 집을 향해 떠났다.

텔레마코스가 이타케로 가기 위해 배를 타고 있을 때, 에우마이오스의 오두막에서는 식사를 하고 있었다. 그때 오디세우스는 에우마이오스를 시험해 보기 위해 말했다.

"친구여, 내 말을 잘 들으시오. 내일 아침에 나는 구걸을 하기 위해 도시로 가려 하오. 그리고 페넬로페를 찾아가 방문하여 오디세우스에 대해 알고 있는 것을 말할 것이오. 그런 다음 구혼자들에게 가서 일자리를 구한 뒤 스스로 먹을 것을 얻겠소. 나는 너무 오랫동안 당신에게 신세를 졌소."

에우마이오스는 공포에 질린 듯 크게 소리쳤다.

"나그네여, 미쳤소? 가난한 사람이나 불행한 사람에게 조그마한 동정도 베풀지 않는 구혼자들에게 어떻게 당신을 보낼 수 있단 말이오? 그냥 여기 있으시오. 당신 하나쯤은 나에게 아무런 짐이 되지 않소. 오디세우스의 아들이 이곳에 들르면 당신에게 깨끗한 옷을 입히고, 당신을 원하는 곳으로 보낼 것이오."

오디세우스가 대답했다.

"고맙소, 에우마이오스. 모든 것을 보고 있는 제우스가 당신이 원하는 모든 것을 이루어 줄 수 있도록 빌겠소. 당신은 지긋지긋한 삶에서 나를 구했소. 구걸보다 더 나쁜 것은 없소. 그런데 한 가지 물어 볼 게 있소. 오디세우스의 부모님은 아직 살아 계시오?"

"불행한 라에르테스는 아직 살아 있지만, 그는 제우스에게 자신의 고통스런 삶을 끝내 달라고 빌고 있소. 그는 밤낮으로 낯선 땅에서 목숨을 잃은 아들을 위해 울고 있소. 그의 부인, 훌륭한 안티클레이아는 이미 죽었소. 그녀는 마지막까지 오디세우스의 이름을 부르면서 죽음 속으로 사라졌소. 슬픔에 지쳐 마치 촛불처럼 꺼져 가는 고통스런 죽음이었어요. 내가 사랑하는 누구도 그런 일을 겪지 않았으면 좋겠소."

오디세우스는 다정하게 물었다.

"당신의 부모님도 당신을 잃게 된다면 그럴 수 있지 않겠소?"

"나의 슬픈 이야기를 듣고 싶다면 포도주를 좀 더 드시오. 당신에게는 믿을 수 없는 이야기겠지만, 나는 실리에의 왕 크테시오스의 아들이오. 실리에는 해가 지는 서쪽의 먼 섬으로, 신들의 축복을 받은 곳이어서 배고프거나 병든 사람이 없었소. 나이가 들면 아폴론과 아르테미스가 잠처럼 달콤하게 죽음을 허락하지요. 그 섬에는 두 지역이 있었는데, 아버지가 현명하게 잘 다스렸기 때문에 형제처럼 친하게 지냈소.

어느 날, 도적 같은 페니키아 사람들이 형편없는 물건만 잔뜩 싣고 온 배를 항구에 대었소.

그때 궁전에는 그들과 같은 지역에서 온 아름답고 손재주가 좋은 소녀가 있었소. 나는 그녀를 사랑했고 항상 그녀를 따라다녔소. 그런데 그녀는 상인들이 배에 가득 싣고 온 싸구려 물건에 눈을 돌리기 시작하더니, 차츰 그들과 더 많은 시간을 보내게 되었소. 결국 그녀는 나를 유혹하여 궁전에서 세 개의 순금 컵을 훔쳐 들고 달아나서 그들과 함께 떠나게 되고 말았소. 그때 나는 아직 어린 소년이어서 그녀와 가는 것이 아버지와 어머니를 영원히 잃게 되는 것임을 깨닫지 못했소.

우리가 바다로 떠난 지 7일째 되던 날, 아르테미스는 나를 유혹한 소녀를 활로 쏘아 선창에 쓰러뜨렸소. 페니키아 사람들은 그녀를 끌어다 고기 밥이 되도록 바다에 던져 버렸소. 나는 가슴이 무너지는 슬픔 때문에 그곳에 앉아 몹시 울었소. 그들은 항해를 계속하던 중 이 섬에 들러 많은 돈을 내는 사람에게 나를 팔았소. 라에르테스가 가장 많은 돈을 내고 나를 산 것이 내게는 큰 행운이었소. 그 뒤로 나는 이곳에 뿌리를 내리고 살고 있소."

그러자 오디세우스가 대답했다.

"당신의 이야기는 나를 깊이 감동시키는군요, 에우마이오스. 제우스는 당신에게 좋은 주인을 만나게 해 주어 당신의 불행을 덜어 주었소. 그러나 나는 아직 신들의 노여움에서 벗어나지 못하고 있소. 그래서 낯선 땅에서 이렇게 방황하고 있소."

그들이 이야기를 마치고 잠이 들었을 때는 밤이 깊어 있었다.

스파르타에서 돌아온 텔레마코스

텔레마코스가 이타케에 도착했을 때, 진주처럼 반짝이는 새벽 빛이 수평선을 아름답게 비추고 있었다.

그가 탄 배는 사람이 살지 않는 후미진 곳으로 미끄러져 들어갔다. 그러나 텔레마코스를 기다리던 구혼자들은 그가 다른 길을 택했다는 것을 알지 못했다.

바닷가에 도착한 텔레마코스는 선원에게 말했다.

"너희들은 배를 몰고 도시 쪽으로 먼저 가라. 나는 우선 에우마이오스를 만나 본 다음 저녁에 궁전으로 내려가겠다."

이렇게 말한 뒤 그는 에우마이오스의 오두막으로 향했다.

그가 오두막에 도착했을 때 오디세우스와 에우마이오스는 아침 식사를 준비하고 있었다. 다른 사람들은 이미 돼지를 방목하러 나가고 없었다. 발자국 소리가 들리자, 오디세우스는 열린 현관문으로 개들이 꼬리를 흔들며 뛰는 것을 보았다.

오디세우스는 돼지치기를 소리쳐 불렀다.

"에우마이오스, 누군가 오고 있소. 개들이 주변을 뛰어다니며 한 마리도 짖지 않는 걸 보니 아마도 당신 동료 중 한 사람인 것 같소."

그가 말하고 있을 때, 문지방을 넘어 걸어 들어오는 사람은 바로 사랑하는 아들이 틀림없었다!

에우마이오스는 벌떡 일어섰다. 너무 기뻐서 손에 들고 있던 나무 컵마저 떨어뜨린 그는 텔레마코스에게 달려갔다. 그러고는 죽음의 늪에서 돌아온 사랑하는 외아들을 보는 아버지처럼 반가워하며 그의 가슴을 세게 껴안았다.

에우마이오스는 감격해 목이 메었지만 큰 소리로 그의 이름을 불렀다.

"텔레마코스, 돌아왔구나!"

그동안 오디세우스는 가슴이 터지는 것을 느끼며 두 사람의 모습을 바라보고 있었다.

"나의 손주, 네가 돌아왔단 말이지. 너를 다시는 보지 못할 거라고 생각했는데……, 어서 안으로 들어오게. 너를 보면서 내 마음을 따뜻하게 녹일 수 있도록 말이야!"

"물론이지요, 할아버지."

그러고 나서 텔레마코스는 말을 이었다.

"내가 여기에 온 것은 집에 무슨 일이 생겼는지 알고 싶어서예요."

"변한 건 아무것도 없단다. 어머니는 매일 밤 아버지가 돌아오시기만을 기다리며, 슬픈 눈물로 희망 없는 하루하루를 보내고 있지."

에우마이오스는 이렇게 말하며, 텔레마코스의 창을 잡고는 그를 안으로 들어오게 했다. 오디세우스는 그를 위해 비켜 섰다.

텔레마코스는 그를 보며 말했다.

"나그네여, 그냥 앉으시오. 나를 위해 자리를 비켜 주니 고마운 사람이로군요."

오디세우스가 자리에 앉자, 에우마이오스는 나뭇가지 더미를 만들고 그 위에 양털을 펴서 텔레마코스를 앉게 했다. 식탁 위에는 어제 남겨 두었던 구운 고기와 빵이 쌓여 있는 바구니와 포도주가 든 나무 컵이 있었다. 그들은 서로를 위해 건배하며 맛있게 식사를 했다.

잠시 뒤에 텔레마코스가 에우마이오스에게 물었다.

"할아버지, 어떻게 낯선 분과 함께 있게 되었는지 말해 주세요."

에우마이오스는 거침없이 대답했다.

"이 양반은 크레타 사람인데, 세상을 돌아다니며 힘겨운 시간을 보냈다고 했어. 이 양반은 자신을 노예로 끌고 온 테스프로티안 선원들의 배에서 탈출해 나에게 왔어. 네가 데리고 가서 도움을 주는 게 좋겠다."

"에우마이오스, 어떻게 이 사람을 사악한 구혼자들이 진을 치고 있는 궁전으로 데리고 가겠어요? 그들이 그에게 모욕이라도 준다면 나는 아마 이 노인을 대할 면목이 없을 거예요."

텔레마코스는 현명한 젊은이답게 대답했다.

"그를 여기에 좀더 있게 하세요. 내가 새 옷과 신발, 칼을 보내 드릴게요. 그 뒤에는 그가 원하는 곳으로 보낼 수 있어요. 그를 간사하고 질투심 많은 무리들의 손에 맡길 수는 없어요. 그러면 안 돼요, 절대로 안 돼!"

오디세우스가 그의 말에 끼어들었다.

"나의 좋은 친구여, 나는 당신이 구혼자들 때문에 고통을 겪고 있다는 이야기를 듣고 정말 마음이 아프다오. 그러나 젊은이, 나에게 말해 보시오. 백성들이 당신에게 대항할 거라고 생각하오? 왜 당신이 그들에게 무릎을 꿇어야 한단 말이오? 당신이 형제들과 다투었기 때문에 그들과 싸우기 위해 힘을 합칠 수 없는 거요?

내 손이 아직 내 마음처럼 강하다면, 내가 오디세우스의 아들이라면, 나는 용감하게 그곳으로 들어가 그들 모두를 파멸시킬 것이오. 만약에 그렇지 못하다면, 적의 칼로 내 머리를 쳐서 떨어뜨리겠소."

텔레마코스가 그의 질문에 대답했다.

"나그네여, 백성들은 나에게 대항하지 않아요. 나는 형제가 없기 때문에 다투어 본 적도 없어요. 제우스는 나의 가계를 하나의 핏줄로만 잇게 하고 있습니다. 나의 증조부인 아크리시오스는 라에르테스를 낳았고, 그에게는 외아들인 오디세우스가 태어났으며, 오디세우스에게도 아들이 한 명 태어났어요. 제가 바로 그의 아들이에요.

그는 나로 인해 어떠한 행복도 맛보기 전에 집을 떠났소. 이게 지금 우리 집에서 어머니에게 유혹의 눈길을 보내며, 나를 없애려는 계획을 세우고 있는 적들로 가득 찬 이유라오. 에우마이오스, 지금 달려가서 어머니에게 내가 다시 돌아왔다는 것을 알려 주세요. 어머니가 병이 날 정도로 나를 걱정하고 있다는 것은 보지 않아도 알 수 있어요. 오, 그리고 내가 가장 믿고 있는 에우리클레이아에게 말해 최대한 빨리 라에르테스에게 전하라고 하시오."

"내가 너의 아버지다!"

에우마이오스는 텔레마코스의 말이 떨어지자마자 떠났다. 그러자 오디세우스를 지켜보던 아테나가 문 앞에 나타났다. 그러나 여신은 오디세우스만이 자신을 볼 수 있게 했다. 아테나는 그를 손짓하여 불렀다. 오디세우스가 나오자 그녀가 말했다.

"오디세우스, 준비가 되었어요. 그렇다면 지금 텔레마코스에게 당신의 정체를 밝혀요. 그리고 함께 구혼자들을 물리칠 계획을 세우시오. 나는 당신 편이오. 약속해요."

이 말과 함께 그녀는 홀을 오디세우스에게 대었다. 그러자 그는 얼룩 하나 없는 새 옷을 입은 멋지고 강한 사람으로 변했다.

여신이 그의 눈에서 사라지자 오디세우스는 오두막으로 돌아갔다. 텔레마코스는 그를 보고는 믿을 수 없는 듯 크게 소리쳤다.

"나그네여, 당신이 이렇게 모습을 바꿀 수 있는 걸 보니, 당신은 분명 신인 것 같소. 나는 당신 앞에 무릎을 꿇고, 당신이 나의 불행을 동정한다면 풍성한 제물을 바치겠어요."

그러자 오디세우스가 대답했다.

"나는 신이 아니다. 나는 네가 언제나 보고 싶어하던 그 사람이다. 텔레마코스, 너의 고통스럽고 치욕스러운 날은 이제 끝났다. 네 앞에 서 있는 것은 바로 네 아버지다!"

오디세우스는 텔레마코스를 힘껏 껴안으며 애정 어린 입맞춤을 했다. 아주 오랫동안 참아 왔던 눈물이 그의 뺨을 타고 줄줄 흘러내렸다.

그러나 텔레마코스는 그가 신이 아니라는 사실을 믿을 수 없었다. 그는 강하게 부정했다.

"바로 내 눈앞에서 일어난 일을 나는 보았소. 인간은 아무도 그런 일을 할 수 없어요. 조금 전까지 당신은 누더기를 걸친 불쌍한 늙은이였소. 그런데 지금 당신은 다른 모

습으로 이렇게 내 앞에 서 있소. 당신은 내 아버지가 아니라 신이 틀림없어요."

"네가 아무리 믿기 힘들어도 나는 분명히 오디세우스다. 위대한 아테나가 기적을 행한 거지. 신은 무엇이든 할 수 있어. 그들은 사람을 자기 마음대로 고귀한 영웅이나 미천한 거지로 바꿀 수 있지."

그제야 그의 말을 믿게 된 텔레마코스는 아버지를 껴안고 기쁨의 눈물을 흘렸다. 오디세우스 또한 눈물을 참지 않았다. 너무나 기쁘고 행복한 나머지 그들은 서로의 몸을 흔들어 가며 울고 또 울었다.

마침내 마음을 진정시킨 텔레마코스는 그에게 어떻게 이타케에 올 수 있었는지 그에게 물었다.

구혼자들을 패배시킬 계획

오디세우스가 대답했다.

"파이아케스 사람들이 나를 데려다주었다. 그들은 멀리 있는 바닷가에서 나를 내려 주었지. 그렇지만 이야기는 나중에 하기로 하고, 지금 당장 우리가 해야 할 일은 적을 쓸어 버리는 방법을 찾는 것이다. 그 녀석들이 누구인지, 몇 명이나 되는지 말해다오. 그리고 우리에게 필요한 게 무엇인지 먼저 알아보아야 한다."

텔레마코스는 싸우자는 아버지의 말에 겁을 먹고는 대답했다.

"아버지, 나는 아버지가 세상에서 제일 가는 검술사라는 것을 알고 있어요. 그리고 아버지의 마음은 칼 솜씨만큼 날카롭다는 것도 알아요. 그러나 그렇게 많은 수의 적을 우리가 어떻게 당해요? 그들은 열 명, 스무 명 정도가 아니에요.

아버지도 아시겠지만 그보다 훨씬 많아요. 먼저 둘리키온에서 온 전사만 해도 쉰두 명이고, 세임에서도 스물네 명 이상이 왔어요. 여기에 또 자킨투스에서 온 사람이 스무 명에다 이타케 사람도 열두 명이 있어요. 만약 우리가 그 많은 수와 싸우러 나선다면 한 가지는 확실해요. 우리는 무모한 행동에 대해 큰 대가를 치를 거예요. 그렇지 않으면 우리는 어디에선가 큰 도움을 받아야 할 거예요."

오디세우스는 부드러운 미소로 아들을 바라보며 대답

했다.

"우리는 큰 도움을 받고 있어. 아테나 여신이 우리 편이고 원한다면 제우스 또한 도와줄 것이다."

"그분들이 도와 준다면 다른 이들의 도움 따위는 필요 없을 거예요, 아버지."

텔레마코스가 이렇게 대답하자 오디세우스는 아들을 안심시켰다.

"그들은 반드시 우리를 도와줄 것이다. 지금 내가 하는 말을 잘 들어라. 내일 아침 일찍 해가 뜨기 전에 궁전으로 출발해야 한다.

나는 조금 있다가 에우마이오스와 먼저 갈 것이다. 그러나 다시 한 번 거지로 변장하고 갈 것이다. 그러니 구혼자들이 나를 모욕하는 것을 보더라도 화를 내지 않도록 조심해라. 비록 그들이 나를 차거나 때리더라도 너는 참아야 한다.

단지, 그런 바보 같은 짓을 하지 말라고 말하는 것 이상은 하면 안 된다. 그들이 네 말을 무시하면, 그만큼 그들에게 더 나쁠 것이다. 지금 네가 반드시 기억해야 할 게 하나 있다. 내가 고개를 끄덕거리면 너는 모든 무기를 꺼내 2층 다락에 숨겨라.

만약 누군가가 왜 무기를 옮기는지 물어보면 이렇게 말하면서 그를 따돌려라.

'무기들은 이제 빛을 잃어 가고 있소. 이미 그것들은 아버지가 떠날 때와 전혀 달라졌소. 게다가 당신들이 술에 취해 서로 죽이기라도 할까 봐 두렵소. 당신, 칼집에서 나온 칼을 보면 사람들은 싸우도록 유혹받는다라는 말을 아시오?' 그렇게 이야기하고 무기들을 2층에 갖다 놓아라.

그러나 창 두 개와 방패 두 개는 그들을 공격하기 시작할 때 곧 쓸 수 있게 가까이 두어야 한다.

또 하나 주의할 일이 있다. 아무에게도 내가 돌아왔다고 말하지 마라. 페넬로페에게조차 말해선 안 된다. 그녀가 너무 기뻐서 어디선가 말을 흘리게 된다면, 구혼자들은 분명히 경계하게 될 것이다."

그들이 구혼자들을 물리칠 계획을 짜고 있을 때, 텔레마코스를 태우고 왔던 배가 항구에 들어섰다. 배가 항구에 닿자 선원은 왕비에게 달려가서 그들이 안전하게 돌아왔고, 텔레마코스는 에우마이오스와 함께 있다고 말해 주었다.

"당신 아들이 무사히 돌아왔습니다, 왕비님!"

에우마이오스도 곧 도착해 그녀에게 텔레마코스의 말을 전했다. 페넬로페는 그 말을 듣고 너무 기쁜 나머지 얼굴을 손에 묻고 울었다.

그러나 구혼자들은 텔레마코스가 돌아왔다는 소식을 듣고도 전혀 즐거워하지 않았다. 에우리마코스가 어두운 표정으로 다른 사람들에게 말했다.

"그 어린 녀석이 용케도 우리의 손아귀를 벗어났군. 우리는 그를 형편 없는 철부지로만 생각했어. 빨리 동료들에게 배를 보내 돌아오라고 해야 돼."

그때 구혼자들의 배가 멀리 있는 게 보였다. 에우리마코스가 말했다.

"그들이야. 내려가서 만나 보자."

항구에 도착한 안토노오스는 배에서 뛰어내리며 화난 표정으로 말했다.

"신의 도움으로 그가 빠져나간 게 틀림없어. 우리는 밤마다 그가 몰래 빠져나가는 것을 막기 위해 해안을 철저히 수색했어. 그런데도 그는 카론의 저승길을 빠져나갔어. 이제 우리는 다른 계획을 짜야만 해. 이번에도 그가 죽음을 피한다면, 앞으로 모든 것이 우리에게 불리하다는 점을 명심해야 해."

구혼자 중의 하나인 암피노모스는 자신들에게 신들의 분노가 덮칠까 봐 두려웠다. 그는 다른 사람들의 성급한 행동에 주의를 주며 말했다.

"신들이 그것을 원한다는 것을 알기 전에는, 나는 텔레마코스에게 손가락 하나 대지 않겠소. 그러나 신들이 우리에게 그를 없애도 된다는 신호를 보내 오면 나는 가장 먼저 칼로 그를 찌를 것이오."

부끄러움을 모르는 음모자 안티노오스

다른 사람들은 암피노모스의 결정에 선뜻 동의하지 않았다. 결국 그들은 모두 어두운 얼굴로 궁전으로 돌아갔다.

그런데 페넬로페의 충성스런 전령 메돈이 우연히 그들

의 대화를 듣게 되었다. 그는 달려가서 모든 이야기를 그녀에게 사실대로 말했다. 페넬로페는 화를 참을 수가 없었다. 그녀는 온몸을 부르르 떨며 방에서 내려와 모든 구혼자들이 보는 앞에서 안티노오스에게 소리쳤다.

"안티노오스, 당신은 부끄러움을 모르는 음모자요. 왜 텔레마코스를 죽이고 싶어하는 거지? 테스프로티아 사람들이 당신의 아버지를 잡으러 갔을 때, 죽음에서 구해 준 사람이 오디세우스라는 것을 벌써 잊었소? 그런데 지금 당신은 그의 아들을 죽이려고 계획을 세운단 말이오!"

안티노오스는 아무 말도 할 수 없었다. 그러나 그녀의 나무람에 에우리마코스는 마치 준비라도 한 것인 양 부드러운 말투로 대답했다.

"페넬로페 왕비시여, 현명한 말씀입니다. 하지만 제발 내 말씀을 들으세요. 내가 살아 있는 한 당신은 두려워할 필요가 없어요. 누가 당신 아들의 머리카락 하나라도 건드린다면, 내 칼이 용서하지 않을 것입니다. 여기에 있는 모든 사람이 들을 수 있도록 큰 소리로 말하겠습니다.

내가 소년일 때, 오디세우스는 무릎에 나를 앉혀 놓고

얼마나 귀여워했는지 모릅니다. 볶은 고기를 내 입에 넣어 주고, 달콤한 포도주를 맛보도록 내 입에 컵을 대 주기

도 했어요. 이런 기억을 갖고 있기 때문에 나는 그의 아들 텔레마코스를 가장 친한 친구로 여기고 있으므로, 그는 아무것도 두려워할 필요가 없어요."

그러나 사악한 에우리마코스는 이야기를 하는 내내 텔레마코스를 죽일 계획을 짜고 있었다.

저녁이 되자 에우마이오스는 오두막으로 돌아왔다. 텔레마코스와 오디세우스가 식사 준비를 하고 있었다. 오디세우스는 다시 누더기를 걸치고 있었다. 아테나는 아무도 그를 알아보지 못하게 다시 거지로 바꾸어 주었던 것이다.

에우마이오스가 들어서자 텔레마코스는 무슨 일이 일어났는지부터 물었다. 그리고 자신을 죽이려고 한 구혼자들이 다시 궁전으로 돌아왔는지도 물었다.

에우마이오스가 말했다.

"내가 서둘러 갔지만 페넬로페는 나에게 아무것도 물어보지 않았다. 벌써 선원이 그녀에게 좋은 소식을 전한 뒤였거든. 그런데 돌아오는 길에 헤메스의 언덕을 오르고 있을 때, 방패와 창을 든 사람으로 가득한 배가 들어오는 것을 보았다. 아마 그들일 것이다."

그의 이야기를 들으며 텔레마코스는 오디세우스에게 은밀한 미소를 던졌다.

아침이 되자 텔레마코스는 창을 들고 에우마이오스에게 말했다.

"나는 빨리 궁전으로 가서 어머니를 만나 봐야겠어요. 그래야 어머니께서 눈물을 멈출 거예요. 당신은 이 나그네를 데리고 동냥을 할 수 있게 도시로 데려다 주세요. 나는 지금 해결해야 할 문제가 많으므로 모두 다 돌볼 수가 없어요. 만약 내가 그를 실망시켰다고 해도 그것은 내 잘못이 아닙니다. 나는 그저 보통 사람이고, 내가 뜻하는 바를 말했으니까요."

오디세우스가 말했다.

"나도 더 이상 여기에 머물러 있기를 원치 않소. 나 같은 떠돌이는 산에 있기보다는 마을을 돌며 동냥하는 게 더 나아요. 마을 사람들은 틀림없이 나에게 먹을 것을 나누어 줄 거요. 나는 돼지우리를 청소하며 여기에 머물기에는 너무 늙었소."

텔레마코스가 먼저 언덕을 씩씩하게 걸어 내려갔다.

그는 궁전에 도착하자 기둥에 창을 세워 놓고 안으로 들어갔다. 유모 에우리클레이아가 먼저 그를 발견하고는 기쁨의 눈물을 흘리며 달려왔다. 충성스런 하녀들도 달려와서 그의 손과 어깨, 뺨에 입을 맞추었다.

그때 2층에서 내려오던 페넬로페도 아들을 발견했다. 페넬로페는 눈물을 흘리며 계단을 내려와 사랑하는 아들을 두 팔로 껴안았다.

그녀는 흐느끼며 말했다.

"사랑하는 텔레마코스야, 마침내 돌아왔구나! 네가 말도 없이 필로스로 떠났을 때 다시는 너를 보지 못할 거라고 생각했다. 여기 내 옆에 앉아서 아버지에 대해 들은 좋은 소식이 있으면 말해 다오."

텔레마코스는 어머니의 물음에 대답했다.

"어머니, 모두 다 이야기해 드리겠어요. 내가 필로스에 도착했을 때 네스토르는 마치 오랫동안 헤어졌던 아들처럼 나를 맞아 주었어요. 그러나 그는 아버지에 대해 해 줄 수 있는 이야기가 아무것도 없었어요. 그래서 그는 나에게 스파르타의 메넬라오스를 찾아가 보라고 권했어요.

그는 나에게 빠른 말과 함께 마차를 주었어요. 그리고 그의 아들 한 명이 안내자가 되어 주었어요. 나는 스파르타에서 아름다운 헬레네도 보았어요. 그러나 무엇보다도 나를 감동시킨 것은 그녀의 아름다움이 아니라, 내가 오디세우스의 아들인 것을 알고 메넬라오스가 보인 호의였어요.

그는 그리스 군대에서 아버지보다 더 사랑하는 사람이 없는 것처럼 보였어요. 그중에서도 가장 반가운 소식은 그가 바다의 예언자 프로테우스에게 들은 것이에요.

프로테우스의 말은 틀린 적이 한 번도 없었다고 해요. 여신 칼립소가 아버지를 섬에 가두어 놓고 있다고 했어요. 프로테우스는 그곳에 있는 아버지를 보았는데, 슬픈 눈물을 흘리며 바다를 바라보고 있었다고 해요."

페넬로페는 신음하듯 슬픈 목소리로 대답했다.

"나에게 단 한 가지 소원이 있다면, 그가 아직 살아 있다는 거야. 그래야 그가 돌아올 희망이 있는 것이니까. 그러나 내 희망과 소망이 물거품이 될까 두렵구나."

이 말과 함께 그녀는 다시 방으로 올라갔다. 그리고 설움과 기쁨이 뒤섞인 울음을 터뜨렸다.

궁전 밖에서는 구혼자들이 창과 원반 던지기 놀이를 하며 시간을 보내고 있었다. 식사 시간이 다가오자 그들은 놀이를 그만두고 안마당으로 무리지어 갔다. 그들은 살찐 양과 염소, 수퇘지, 한 살배기 송아지를 잡았다.

바로 그때, 그들이 모두 낯선 땅에서 죽은 것으로 생각하는 오디세우스가 그들에게 파멸을 안겨 주기 위해 집으로 돌아오고 있었다.

본성을 드러낸 멜란테오스

오디세우스가 에우마이오스와 함께 언덕을 내려와 옛날에 이타코스가 세운 대리석 분수를 지났다. 그리고 거기서 멜란테오스를 만났다. 그는 원래 오디세우스의 염소를 치는 사람이었으나 지금은 구혼자들의 부하가 되었다. 그는 그들을 보자 나쁜 성격을 드러냈다.

"끼리끼리 모인다더니 더러운 밥벌레들? 어디서 이 게으른 자를 데려왔어, 더러운 돼지치기야? 기둥에 게으른 등을 기대고 비비기 위해서 먹다 남긴 것을 구걸하러 시장으로 가니? 굽실거리며 그릇이나 핥는 거지 같으니라구.

차라리 염소우리나 치우고 어린아이들에게 푸성귀나 가져다 주는 일이나 시키게 그를 나에게 주지 그래? 병든 몸을 이끌고 골목을 도는 것만 알고, 탐욕스런 장을 채우는 빵을 얻기 위해 아부나 하는 부랑아에게 무슨 일을 시킬 수 있겠어?

내가 경고하는데, 만약에 이 주름투성이 거지가 궁전 안으로 감히 발을 들여놓으면 구혼자들에게 죽도록 맞을 것이다. 내 이름 멜란테오스를 걸고 맹세했다."

간사한 배신자 멜란테오스는 이렇게 상스러운 말로도 만족하지 못했는지, 지나가면서 늙은 거지를 있는 힘껏 찼다. 그러나 오디세우스는 피하지 않았다. 비록 그가 지팡이로 멜란테오스를 때려 눕힐 수도 있고, 머리 위로 그를 들어 돌 위에 던져 버릴 수도 있었지만 참고 견뎠다.

에우마이오스는 잠자코 있었다. 그러나 그는 곧 두 손을 높이 올리고 하늘을 향해 소리쳤다.

"분수의 님프들이여, 만약 내 주인이 당신에게 제물을 바쳤다면 나에게 호의를 베푸소서. 기필코 오디세우스를 돌아오시게 하여 이자의 얼굴을 납작하게 만드소서!"

그러나 멜란테오스의 입술에는 아직도 비웃음이 남아 있었다.

"내 말을 잘 들어라! 만약 다른 나라에서 배가 들어오면 이 거지를 묶어서 항구로 데려가 좋은 값을 받고 팔아 버리겠다. 오디세우스와 마찬가지로, 당신을 그렇게 좋아하는 텔레마코스를 구혼자들이 죽여 없애는 데 아폴론이 어떻게 도울 것인지 한번 지켜보자!"

그는 이 말을 남기고 궁전으로 급히 들어갔다. 그러고는 그가 받드는 에우리마코스 맞은편 자리에 앉았다.

궁전에 도착한 오디세우스

오디세우스와 에우마이오스도 궁전 문 앞에 도착했다. 에우마이오스가 그에게 말했다.

"이것이 오디세우스의 집이오."

오디세우스가 그의 말을 받았다.

"그럴 거라고 짐작했소. 이곳은 다른 곳과는 달리 유난히 훌륭하고 눈에 띄거든요. 그런데 하프 연주와 노래 소리가 들리는군요. 저기에 연회를 베푸는 친구들이 있나 보군요."

"맞아요, 내 주인의 재산을 축내는 자들이지요. 당신이 먼저 들어가겠소, 아니면 내가 들어갈까요? 당신이 원하는 대로 하시오. 그리고 그들이 당신에게 함부로 대해도 신경 쓰지 말고, 누가 당신을 때리지나 않도록 조심하시오."

오디세우스가 대답했다.

"당신이 먼저 들어가는 게 낫겠소. 내가 뒤에 따라가리다. 만약에 그들이 나를 저주하고 때리는 것을 보더라도 걱정하지 마시오. 나는 그런 것에 어떻게 대처해야 하는지 잘 알고 있소. 배고플 때는 한 조각의 빵을 얻기 위해 많은 것을 참아야 하는 거요."

그들이 이야기하는 동안, 가까이 누워 있던 사냥개 한 마리가 머리를 들고는 귀를 쫑긋 세웠다.

그 개는 오디세우스가 직접 키운 아르고스였다. 그러나

전쟁이 나서 그가 트로이로 가기 전까지 둘은 친하게 지낼 시간이 별로 없었다.

사람들은 아르고스를 야생 염소나 토끼를 사냥하는 데 데리고 다녔지만, 이제는 늙어서 돌보는 이도 없이 마구간 밖의 거름 위에 누워 있었다. 너무 쇠약해서 더 이상 다리도 들 수 없었다.

그러나 곁에 있는 오디세우스의 냄새를 맡자 아르고스는 꼬리를 흔들고 콧등을 세웠다. 오디세우스는 에우마이오스가 보지 못하게 얼굴을 돌리고는 눈물을 닦았다. 그러고는 에우마이오스에게 말했다.

"에우마이오스, 저기를 봐요. 저렇게 좋은 사냥개를 거름더미 위에 그냥 내버려 두다니."

"나그네여, 당신이 어떻게 보았는지는 몰라도, 저 개는 한때 오디세우스의 사냥개였던 아르고스요. 당신은 주인이 떠나기 전의 저 개를 보았어야 했는데. 그의 속도와 용기를 따라올 만한 개는 없었어요. 그러나 이제 개는 늙고 오디세우스는 가 버렸어요. 누가 그를 돌보려 애쓰겠어요? 주인이 떠나자 하인들은 자신들의 의무를 게을리했어요."

　오디세우스가 이야기를 들으면서 슬픈 눈으로 개를 바

라보며 서 있는 동안, 에우마이오스는 벌써 궁전으로 들어갔다.

행복한 죽음을 맞이한 아르고스

불쌍한 아르고스의 머리가 옆으로 축 늘어지더니, 행복한 모습으로 죽어 갔다. 아르고스는 주인이 돌아오는 것을 보기 위해 지금까지 목숨을 이어 오고 있었던 것이다.

텔레마코스는 에우마이오스가 들어오는 것을 보고는 그를 불러 자신의 옆자리에 앉게 했다.

곧 오디세우스가 모습을 나타냈다. 그러나 그는 안으로 들어오지 않고 문 옆의 바닥에 앉았다.

텔레마코스는 바구니에서 빵과 고기 조각을 꺼내 주며 에우마이오스에게 말했다.

"이것들을 나그네에게 가져다주세요. 그리고 구혼자들에게 가서 동냥을 하라고 하세요. 그들에게 구걸하면서 부끄러워할 필요가 없다고도 전하세요."

에우마이오스는 오디세우스에게 음식을 가져다주며 텔레마코스의 말을 전했다.

오디세우스는 그가 낼 수 있는 가장 비굴한 목소리로 말했다.

"제우스가 당신의 착한 젊은 주인에게 축복을 쏟아 주시길······. 그의 모든 소망이 이루어지기를 빕니다."

그는 매우 고마워하는 모습을 보이면서 아들이 보낸 음식을 받았다. 페미오스가 하프를 연주하고 노래하는 동안 그는 맛있게 음식을 먹었다.

오디세우스는 입에서 마지막 부스러기를 닦아 내고는, 궁전 안을 돌며 동냥하기 위해 비틀거리며 일어섰다. 그는 마치 동냥을 하기 위해 태어난 것처럼 그럴듯하게 두 손을 맞잡고 사람들 사이를 지나갔다.

많은 사람들은 아무것도 묻지 않고 그에게 먹을 것을 주었다. 그러나 몇몇은 그가 누구인지, 어디서 왔는지 물었다. 그때 염소치기 멜란테오스가 일어나 소리쳤다.

"나는 오는 길에 그를 보았어요. 에우마이오스가 같이 있었는데, 그가 그 친구를 어디서 데려왔는지 누가 알겠습니까?"

안티노오스는 그의 이야기를 듣고 벌떡 일어섰다.

"염치없는 돼지치기 같으니라고. 왜 당신은 그를 여기에 데려왔소? 지금 이곳에 있는 거지만으로도 충분히 짐이 되고 있어. 당신은 이 불결한 사람을 꼭 궁전 안으로 끌고 들어와야만 했소? 당신은 그들이 당신 주인의 음식을 게걸스럽게 다 먹어치워도 상관없단 말이로군!"

에우마이오스가 그의 말에 대꾸했다.

"안티노오스, 당신은 불공평해요. 최고 기술자나 의사, 예언자나 훌륭한 가수가 아닌 이상 나그네들은 정식으로 초대되지 않는다는 것을 알아요. 하지만 넓은 아량으로 이들을 환영해야 해요. 아무도 불쌍한 사람을 원하지 않으니까요. 아마 그중에서도 당신들이 가장 원하지 않을 겁니다. 별로 신경 쓰지는 않지만, 당신들은 페넬로페와 그의 든든한 아들이 궁전에서 살고 있는 한 나를 미워한다는 걸 알지요."

텔레마코스가 충고했다.

"에우마이오스, 그냥 그를 내버려 둬요. 그게 바로 그의 진짜 모습이에요. 그는 항상 독을 품은 혀를 놀리고 있지. 어떻게 그가 진심으로 우리에게 관심을 갖고 있는 것처럼 친절하게 말할 수 있겠소!"

그의 말에 안티노오스는 펄쩍 뛰며 소리쳤다.

"텔레마코스, 무슨 허튼 소리를 지껄이는 거야? 나는 네가 우리 모두에게 석 달 동안 충분히 먹고 살 수 있을 만큼 재산을 나누어 주어야 한다고 생각해!"

이렇게 말하던 그는 문득 나쁜 생각 하나가 머리에 떠올라 의자를 자기 쪽으로 끌어다 놓았다. 그동안 오디세우스는 순서대로 손님 앞을 찾아다니며 동냥을 했다. 이제 그는 안티노오스에게 구걸할 차례였다.

오디세우스는 잔뜩 아부하는 듯한 목소리로 말했다.

"저에게 아무 거나 좀 주세요, 젊은 나으리. 당신같이 착한 마음씨를 가진 신사는 다른 사람보다 더 자비롭겠지요. 만약 당신이 그렇다면, 내가 가는 곳 어디에서든지 당신에게 감사의 말을 할 텐데. 나는 한때 훌륭한 집, 열두 명이나 되는 노예 등 많은 재산을 가졌었지요. 그러나 나는 그것을 필요한 모든 사람에게 주었어요. 나는 불행한 사람과 거지를 불쌍히 여겼기 때문이지요. 그러나 지금 나를 보세요. 제우스는 나의 모든 재산을 쓸어 가고 나를 형편없는 사람으로 만들었소."

오디세우스를 때린 안티노오스

안티노오스는 이 말에 감동을 받기는커녕 점점 더 화가 났다.

"누가 우리 테이블에 이 성가신 사람을 보냈지?"

그는 화가 나서 소리쳤다.

"나가 버려, 이 더럽고 염치없는 노인 같으니라구. 너에게 동냥은 정말 잘 어울려!"

오디세우스는 뒤로 물러나며 안티노오스에게 말했다.

"당신은 멋진 얼굴에 어울리는 동정심을 갖지 못했군요. 당신 것이라면 소금 한 줌이라도 주지 않을 게 분명하오. 당신도 여기 앉아 남의 음식을 축내는 처지에 나를 쫓아 보내려 하는군요."

안티노오스는 소리를 버럭 질렀다.

"그래서 네가 나를 저주라도 한단 말이냐. 이번에 너는 여기서 온전하게 나가지 못할 거야!"

그러고는 갑자기 의자를 들어올리더니 오디세우스를

향해 던졌다. 의자는 오디세우스의 어깨를 향해 정통으로 날아들었지만, 그는 피하지 않고 바위처럼 그대로 서 있었다. 그는 아직 복수할 시간이 아니라고 생각하는 듯 단지 고개를 끄덕일 뿐이었다.

오디세우스는 다시 옆에 있는 자리로 돌아와 사람들을 향해 소리쳤다.

"들으시오, 우아한 왕비에게 구애하는 신사들이여. 나는 지금까지 살면서 한두 가지 배운 게 있소. 나는 자신의 재산을 지키기 위해 다른 사람에게 맞는 것을 두려워하는 사람은 없다고 생각하오. 그러나 배가 고프거나 한 조각의 음식을 청할 때 맞는다는 것은 정말 견디기 힘드오. 만약 거지를 지키는 신이 있다면, 배고픈 자를 때린 자가 첫날밤 침대에서 잠들기 전에 먼저 무덤에서 잠들게 하소서!"

그러자 다시 안티노오스가 대꾸했다.

"조용히 입 다물고 먹기나 하지, 노인장. 그렇지 않으면 여기 있는 부하들이 당신을 거리로 끌고 가 흠씬 두들겨 패 줄 테니까."

텔레마코스는 분노를 삭이면서 이 소리를 다 들었다. 그러나 그는 끝까지 눈물을 참고 조용히 자리를 지켰다.

안티노오스의 비열한 행동은 곧 페넬로페 귀에까지 들어갔다. 그녀는 하녀에게 말했다.

"아폴론이 그에게 치명적인 화살을 쏘았으면 좋겠어. 그가 의자로 불쌍한 사람을 때렸듯이."

그러자 에우리클레이아가 덧붙였다.

"우리의 기도가 이루어진다면, 그는 다시는 낮의 환한 빛을 보지 못할 거예요."

페넬로페는 그녀의 말에 고개를 끄덕였다.

"맞아요, 유모. 우리는 그들 모두를 싫어하지만 안티노오스는 그 중에서도 가장 나빠요. 불쌍한 사람이 우리 집에 적은 양의 빵을 동냥하러 왔는데, 안티노오스는 빵 대신 그의 어깨에 의자를 던졌으니까요."

이렇게 말하며 그녀는 하녀에게 에우마이오스를 부르러 보냈다.

그가 도착하자 페넬로페가 말했다.

"착한 에우마이오스, 가서 나그네에게 내가 보고 싶어

한다고 전하시오. 나는 그에게 선물을 주고 싶소. 그리고 그가 오디세우스에 대해 무엇이라도 알고 있는지 물어 보고 싶소. 그는 여행을 많이 한 사람처럼 보이거든요."

"오, 왕비님. 당신께서 그의 이야기를 듣게 된다면 매우 기뻐하실 겁니다. 그는 사흘 동안 나의 오두막에서 지냈지만 충분히 다 들을 수가 없었어요.

그의 불행한 이야기를 듣는 것은 마치 달콤한 목소리를 가진 가수의 노래를 듣는 것과 같았어요. 그는 오디세우스에 대해서도 알고 있었어요. 오디세우스가 트로이에서 싸웠다고 말했어요. 테스프로티아에 갔을 때 주인님이 그곳에 있다는 것을 알게 되었으며, 언젠가 반드시 돌아올 거라고 말했어요."

페넬로페는 몹시 흥분하여 다시 명령했다.

"내려가서 그를 올라오라고 해요. 나는 그가 알고 있는 것을 모두 직접 듣고 싶소. 구혼자들은 그들이 좋을 대로 떠들라고 하세요. 그들 재산이 축나지 않는데 그들이 무슨 걱정을 하겠어요? 그들은 그냥 내버려 두고 가서 그 사람을 불러 와요. 그가 진실을 말한다면 나는 그에게 깨끗한 새 옷을 줄 거라고 그에게 말하세요!"

에우마이오스가 오디세우스에게 페넬로페의 말을 전하자 그가 대답했다.

"지금 당장 가고 싶지만 구혼자들 때문에 어려울 것 같소. 그들의 악의는 끝이 없소. 아무 이유도 없이 안티노오스가 나를 때리는 걸 당신도 보지 않았소. 아무도 나를 막아 주지 못했소. 텔레마코스까지도. 왕비에게 저녁이 되어 모두 돌아갈 때까지 기다려 달라고 전해 주시오. 그러면 가서 그녀에게 내가 알고 있는 모든 것을 말하겠소."

에우마이오스가 다시 페넬로페에게 돌아가서 그의 말을 전하자 그녀는 그의 말이 옳다고 생각했다.

에우마이오스는 다시 텔레마코스를 찾아가서 말했다.

"나는 우리로 돌아가 돼지들을 먹여야 할 시간이다."

"그럼 갔다가 내일 아침 일찍 들어오세요. 내일 당신이 나를 좀 도와 줘야 할 것 같아요."

에우마이오스는 다른 거지가 궁전 안으로 들어왔을 때 바로 떠났다. 이 거지는 이타케에서 아주 유명한 사람이었다. 흉측하고 교활한 얼굴을 가진 그는 키가 크고 몸이

호리호리한 데다가 무척 게걸스럽게 먹어 댔다. 그의 진짜 이름은 알려지지 않았고 모두 그를 '이로스'라고 불렀다. 이리스가 신의 심부름을 하듯, 그는 구혼자들의 메시지를 전하기 때문이었다. 이로스가 오디세우스를 보자마자 화를 내며 덤벼들었다.

그는 큰소리로 말했다.

"내가 질질 끌고 나가기 전에 여기서 나가, 이 염치없는 놈아! 저기서 나에게 고개를 끄덕이는 사람들이 보이지 않니? 더 큰 불행이 닥치기 전에 너에게 스스로 일어날 기회를 주겠어."

그러자 오디세우스는 얼굴을 찡그리며 대답했다.

"나는 당신에게 아무 해도 끼치지 않았어. 사람들이 당신에게 더 많이 준다고 질투하지도 않았어. 이곳은 우리들이 같이 있기에 충분해. 그들이 나에게 음식을 똑같이 준다고 해서 당신에게 무슨 차이가 있지? 우리 둘 다 모두 거지요. 그들이 우리에게 무엇을 던지든 결국 그들은 신에게 하는 것이지. 그러니 나에게 싸움을 걸지 마시오. 나는 늙긴 했지만 한번 화가 나면 당신 턱을 부술 수도 있소.

사실 내가 그렇게 하는 게 더 나을지도 모르지. 그러면 당신은 감히 이 궁전에서 더 이상 동냥을 못 할 테니까."

이로스는 그의 말에 화가 나서 크게 소리쳤다.

"어디 한번 계속해 보시지. 말을 멈추지 않으면, 주먹으로 너를 조각 내 버릴 거야. 좋아, 그러면 불쌍한 늙은이, 일어서시오. 당신이 나 같은 젊은 사내를 적수로 선택하면 어떤 꼴을 당하게 되는지 다른 사람들에게 보여 주도록 하지."

이로스의 교훈

구혼자들은 말다툼 소리를 듣고 기회를 놓치지 않았다. 안티노오스가 크게 소리쳤다.

"여기들 와요. 볼거리가 있어요!"

"우리는 한 번도 누더기를 걸친 거지들의 레슬링 시합을 본 적이 없어! 그들이 마음을 바꾸기 전에 빨리 싸움을 붙이도록 합시다."

구혼자들은 두 사람을 야유하고 부추기며 모두 둥글게 빙 둘러섰다. 이때 안티노오스가 덧붙였다.

"승리자에게 상을 주어야 한다고 생각한다. 난로 옆에 걸려 있는 저 검은 푸딩을 주는 게 어때?"

그들은 모두 동의했다.

마침내 안티노오스가 선언했다.

"좋아, 푸딩은 승리자에게 주고 진 사람은 다시는 여기에 동냥하러 오지 못하도록 엉덩이를 차 버릴 것이다."

오디세우스는 교활하게 덧붙였다.

"들으시오, 양반들. 나는 불행에 찌든 늙은이오. 이렇게 강한 젊은 녀석과 싸우지 말았어야 했는데. 그렇지만 염치없는 내 위장은 벌써 불 옆에 매달려 있는 푸딩에 마음이 있으니 내가 어쩔 수 있겠소? 그러나 내가 싸울 동안 당신들 모두 꼭 앉아 있겠다고, 뒤에서 나를 치지 않겠다고 약속하시오."

구혼자들이 모두 동의하자 텔레마코스가 덧붙였다.

"나그네여, 싸움이 시작되면 누구도 신경 쓸 필요가 없소. 이 친구와 싸우시오. 만약 어떤 사람이 살그머니 들어와 당신을 치면, 나는 그가 당신에게 사과하도록 경고하겠소."

오디세우스는 안심이 되어 옷을 벗고 누더기를 허리에 둘렀다. 그의 건장한 허벅다리, 튼튼한 팔, 그리고 가슴과 어깨 근육이 보기 좋게 드러났다.

구혼자들은 그를 보고 놀라서 서로에게 속삭였다.

"이로스는 이제 끝이로군. 어쨌든 그가 먼저 싸움을 청했으니 우리는 저 누더기 옷에 숨겨진 강한 힘이나 한번 보자고."

이로스가 이 소리를 듣고는 사시나무 떨듯 온몸을 떨었다. 그는 도망가려고 했지만 노예들이 그를 꼭 붙잡고 놓아 주지 않았다.

그의 절망적인 공포에 한마디 더 보탠 것은 안티노오스였다.

"불쌍하고 다 늙어빠진 사람 앞에 서는 것을 부끄러워하다니, 이 한심한 촌놈아. 이제 내 말을 잘 들어 봐. 만약에 그가 너보다 더 용감하게 싸우면, 나는 너를 배에 실어 세상에서 가장 잔인한 에케토스 왕에게 보내겠다. 내 이름을 걸고 맹세한다."

이로스는 이 말을 듣고 그만 얼굴이 하얗게 질려 버렸다.

노예들은 오디세우스 앞에 그를 끌어다 놓았다. 오디세우스는 그를 어떻게 해야 할지 망설이고 있었다.

물론 그는 한 대만 맞아도 죽을 수 있지만, 어쩌면 게임을 포기할지도 모른다. 그래서 그는 이로스가 먼저 자신을 치게 했다. 이로스가 오디세우스의 어깨에 주먹을 날렸고, 오디세우스는 그의 귀 밑에 힘찬 주먹을 한 방 날렸다.

싸움은 거기서 끝났다. 이로스는 신음하며 쓰러져 버렸고 입에서 피가 흘렀다. 구경하고 있던 구혼자들은 오디세우스가 그의 발목을 잡고 안마당으로 끌고 가는 모습을 보며 배꼽을 잡고 웃었다.

오디세우스는 늘어진 그의 몸을 벽에 기대 세우고 손에 막대기를 쥐어 주며 말했다.

"여기 앉아서 불쌍한 사람이나 거지가 아니라 개나 돼지를 쫓아 내라. 그렇지 않으면 너에게 나쁜 운명이 떨어질 것이다!"

오디세우스는 이 말을 하면서 그의 낡은 누더기 가방을 어깨에 걸어 주었다. 그러고는 다시 문 옆으로 가서 앉았다. 구혼자들은 얼굴에 웃음을 머금고 그를 지나치면서 소리쳤다.

"나그네, 제우스 신이 너에게 보상할 거다. 이로스같이 많이 먹는 녀석을 없애 주었으니 말이야. 이제 우리는 그를 무서운 사람에게 보내야겠다. 에케토스 왕도 그를 전혀 동정하지 않을 것이다."

안티노오스는 오디세우스 앞에 검은 푸딩을 놓았다. 그때 다른 구혼자 암피노모스는 그에게 빵 두 조각을 가져다주며 말했다.

"행운을 비네, 늙은이. 신들이 당신의 고통을 빨리 끝내 주길 바라네."

이 말과 함께 그는 자신의 포도주 잔에 포도주를 담아 건넸다. 그러자 오디세우스가 대답했다.

"나는 당신 아버지 니소스가 매우 친절하고 공평하다고 들었소. 그래서 당신이 잘 기억해야 할 것을 말해 주겠소. 지상에서 인간보다 더 약한 생물은 없소. 그는 어떤 날은 대단하고 강하지만 다음 날은 다시 가난하고 약해져요. 나는 내가 저지른 정의롭지 못한 일 때문에 무서운 곤경에 빠졌었소. 나는 내 마음과 내 힘을 너무 믿었던 거요. 그래서 지금 내 행운이 어떻게 바뀌었는지 보시오.

이게 바로 인간이 정의롭지 못한 일을 피해야만 하는 가장 큰 이유요. 인간은 자신의 노동의 대가로 얻은 열매를 먹어야만 하고, 신의 선물을 감사하는 마음으로 받아들여야 하오. 자신의 행운을 낭비하는 이 구혼자들의 무절제한 행동 밖에 내가 무얼 더 볼 수 있겠소.

오디세우스는 어느 날 갑자기 돌아올지도 모르오. 그러니 더 늦기 전에 이곳을 떠나는 게 좋을 것이오. 왜냐하면 오디세우스가 이 궁전에 돌아올 때는 반드시 구혼자들은 피를 흘리며 최후를 맞을 것이기 때문이오."

오디세우스는 이 말을 하면서 신에게 바치기 위해 몇 방울의 포도주를 뿌렸고, 암피노모스에게 그의 잔을 돌려주었다.

암피노모스는 고통스런 표정을 지으며 집으로 돌아갔다. 그러나 그는 피할 수 없는 운명에 놓여 있었다. 그의 운명은 악의 시간에 그 자리에 있도록 정해져 있었다. 아테나는 그를 쓰러뜨리는 데 텔레마코스의 창을 선택했던 것이다.

이러한 일들이 벌어지는 동안, 페넬로페의 마음은 온통

연회장에 가 있었다. 그녀는 슬픔 때문에 아름다운 옷으로 장식할 마음의 여유가 없었다. 그래서 아테나는 그녀에게 모든 걱정과 피곤한 흔적을 없애기 위해 긴장을 푸는 깊은 잠을 재웠다. 그녀가 편안히 잘 때, 여신은 아름다운 그녀 얼굴에 하늘나라의 향기로운 기름을 발라 훨씬 더 아름다운 얼굴로 만들었다.

페넬로페는 하녀의 목소리에 잠에서 깨어나 앉으며 말했다.

"그리스에서 가장 멋진 남자였던 남편을 그리워하는 눈물 대신, 아르테미스가 이런 잠과 같은 죽음을 나에게 허락해 준다면 얼마나 좋을까?"

페넬로페는 두 하녀와 함께 아래층으로 내려갔다. 오디세우스는 그녀를 보자 가슴이 두근거리기 시작했다. 그러나 그는 감정을 들키지 않기 위해 애썼다. 페넬로페는 텔레마코스에게 걸어가서 말했다.

"아들아, 여기서 일어났던 일은 도저히 용서받지 못할 일이다. 안티노오스가 낯선 사람을 때린 것이나 그들이 이로스와 그의 싸움을 부추긴 것 모두 말이다. 우리 집에 오는 방문자들에게 폭력을 겪게 한다면 무슨 일이 일어날지 생각해 보았니? 모두 너를 무시하고 나쁘게 생각할 것이다!"

그러자 텔레마코스가 대답했다.

"어머니, 화를 내시는 게 당연해요. 어머니가 말씀하신 모든 진실을 잘 압니다. 저도 더 이상 어린아이가 아니니까요. 그러나 이렇게 간사하고 야만적인 인간들에게 둘러싸여 있는 제가 어떻게 조용히 생각할 수 있겠어요? 게다가 모든 일이 그들이 원하는 대로 되어 가고 있지 않아요."

그때 에우리마코스가 왕비에게 다가가 큰 소리로 말했다.

"페넬로페, 당신은 오늘 너무 아름답군요! 만약 그리스의 모든 귀족의 아들들이 지금의 당신을 본다면, 이 궁전이 꽉 차도 모자랄 만큼 많이 달려올 겁니다."

"에우리마코스, 나에게 아름다움에 대해서는 말하지 마시오. 그것은 이미 남편이 트로이로 떠날 때 사라졌소. 그러나 그가 돌아온다면 나의 마음을 갉아먹고 있는 고통은 모두 사라질 것이오. 나는 그가 떠날 때를 기억하오. 그는 내 손을 꼭 쥐며 말했소.

'내 사랑, 나는 많은 그리스 사람들이 일리아드의 벽 아래서 죽을까 봐 두렵소. 왜냐하면 트로이 사람들은 용감한 전사이고, 전술에서는 아무도 그들과 대적할 수 없으니까.

신들이 과연 이곳으로 다시 나를 돌아오게 할지 모르겠소. 그러니 당신은 우리 아들을 잘 돌보고, 당신이 늘 그랬던 것처럼 내가 사랑하는 늙은 아버지와 어머니를 돌보아 주시오. 그 아이가 자라 어른이 되면 나를 더 이상 기다리지 마시오. 그리고 다른 남편을 찾으시오.'

이것이 오디세우스가 나에게 했던 말이오. 텔레마코스는 이제 어른이 되었고, 어느 날 내가 다른 사람과 결혼하게 된다면 그것은 나를 더 깊은 슬픔으로 빠지게 할 것이오. 옛날 구혼자들은 지금 같지 않았소. 그들은 귀족 여인과 결혼하기 위해 많은 선물을 가져와서 사랑을 고백했소. 다른 사람의 물건을 축내는 당신들과는 달랐소."

이것이 페넬로페가 에우리마코스에게 준 대답이었다. 그때 뒤에서 페넬로페의 말을 듣고 있던 오디세우스의 마음은 그녀에 대한 사랑과 감탄으로 가득 찼다.

저녁이 되자 구혼자들은 다시 춤과 노래를 시작했다.

해가 떨어지고 그림자가 길어지자 노예 소녀들이 왔다. 그녀들은 남자들과 웃으며 농담을 나누면서 안마당에 커다란 불을 피웠다. 그러고는 순서대로 장작을 집어 넣으며 그들의 놀이터를 계속 밝혀 주었다.

오디세우스가 그녀들에게 말했다.

"내가 불을 지킬 테니 소녀들은 이제 그만 자러 가시오. 원한다면 아침까지 기꺼이 여기에 앉아 있겠소."

노예 소녀들은 그의 말에 모두들 기뻐했다. 그런데 염소치기 멜란테오스의 딸 멜란토는 그에게 거칠게 대했다. 그녀는 에우리마코스의 연인이었기 때문에 아무에게도 겁을 내지 않았다.

멜란토는 무례하게 비웃으며 오디세우스에게 물었다.

"이봐요, 당신은 제정신이 아니에요. 왜 당신은 당신의 누추한 방으로 가지 않는 거예요? 조용히 앉아 있거나 다른 사람들처럼 집으로 가지 않고, 당신이 마치 이 훌륭한 신사들과 동등한 것처럼 뻔뻔스럽게 이야기하고 있잖아요. 당신이 이로스를 때려 눕혔는지는 몰라도, 만약에 당신이 주제도 모르고 함부로 군다면 이 중 한 사람이 당신 머리를 부수고 당신을 던져 버릴지도 모르니 그리 아세요."

오디세우스를 모욕한 노예 소녀 멜란토

"말조심해, 이 천한 것 같으니라고. 내가 텔레마코스에게 달려가 네가 불쌍한 나그네에게 했던 말을 전하면, 그는 너를 흠씬 두들겨 패 줄 거다!"

멜란토와 다른 노예들은 그의 위협에 깜짝 놀랐다. 이때 텔레마코스가 나타나자 그들은 당황하여 궁전 안으로 달아났다. 그래서 오디세우스는 생각대로 불을 돌보게 되었다.

에우리마코스가 다시 오디세우스를 조롱하기 위해 왔다. 그는 웃으며 제안했다.

"이봐, 왜 내 밑에 들어오지 않는 거지. 당신은 내 영지에서 나무를 심고 울타리에 쓰일 나무를 자를 수 있소. 그러면 당신이 원하는 빵을 충분히 주고 새 옷과 신발을 주겠소. 그렇지만 이미 쉽게 사는 법을 배웠으니 무슨 일을 할 수 있겠나? 당신이 할 수 있는 일은 고작 굶주린 배를 위해 동냥하는 것이겠지."

오디세우스는 물론 그에게 지지 않고 대답했다.

"에우리마코스, 나와 당신 중에서 누가 일을 더 잘하는지 한번 시합해 보고 싶소. 한 끼도 먹지 않고 해가 긴 봄날에 새벽부터 황혼까지 누가 더 풀을 많이 자르는지, 아니면 경작할 소 두 마리를 나에게 주고 어떻게 그 무겁고 지겨운 놈들을 밭고랑에 정렬시키는지, 어떻게 소들을 이쪽 끝에서 저쪽 끝까지 똑바로 달리게 하는지 당신은 보게 될 것이오.

그리고 만약 제우스가 전쟁의 불꽃을 휘저어 놓으면, 당신은 방패 하나와 창 두 개를 들고 머리에는 청동 투구를 쓴 아주 훌륭한 내 모습을 보게 될 것이오. 그리고 당신은 나를 경멸하지 않을 것이고 '식충이'라고 부르지도 않을 것이오.

당신은 그저 골목 대장에 불과하오. 당신이 위대하고 강하다고 느끼는 단 하나의 이유는, 당신이 이런 별 볼일 없는 사람들에게 둘러싸여 있기 때문이오. 만약 오디세우스가 온다면 상황은 아주 달라질 것이오. 당신은 공포에 싸여 도망갈 문도 너무 좁다는 것을 알게 될 것이오."

화가 난 에우리마코스는 얼굴이 파랗게 질려 있었다. 마침내 그는 으르렁거렸다.

"나는 반드시 너의 피를 보고야 말겠어!"

그러고는 의자를 들어 오디세우스의 머리를 향해 던졌다. 오디세우스가 재빨리 피하는 바람에 의자는 그만 포도주 진열장을 치고 말았다. 주전자들이 깨지고 포도주가 바닥에 흘렀다.

이 모습을 보고 다른 구혼자가 말했다.

"또 거지가 문제를 일으켰군! 그는 아무래도 여기서 살아서 나가지 못할 것 같아!"

그때 텔레마코스가 소리쳤다.

"모두 미쳤어요? 아니면 사악한 마음이 당신들로 하여금 점점 더 증오스러운 일을 하게 만드는 거요?"

그들 모두 입술을 깨물고 조용해졌다.

그들은 서둘러 각자의 집으로 돌아갔다. 그들이 가자 오디세우스가 텔레마코스에게 말했다.

"이제 그들이 갔으니 무기를 모을 기회가 왔어. 시간을 낭비하지 말자."

텔레마코스는 즉시 에우리클레이아를 불렀다.

"유모, 여자들의 방문을 잠그시오. 그동안 나는 창과 방패를 다락에 올릴 거요. 그것들은 연기로 모두 검게 되었소. 아버지가 떠날 때 나는 아기였지만 이제 어른이 되었으니 그것들을 잘 간수하려고 해요."

"도련님, 집을 걱정하는 도련님의 모습을 보니 기분이 좋군요. 그러나 도련님을 위해 누가 불을 들어 주겠어요?"

그녀의 걱정에 텔레마코스가 대답했다.

"이 좋은 친구가 나를 위해 길을 비추어 줄 거요. 그는 우리에게 얻어먹고 있으니, 이 정도 일한다고 그에게 해가 되지는 않을 거예요."

오디세우스와 텔레마코스는 투구와 방패와 창을 다락으로 옮겼다. 그동안 아테나가 그들을 비춰 주었다. 텔레마코스는 이 빛이 어디서 오는지 이해할 수 없었다.

오디세우스가 그에게 이야기했다.

"그렇게 놀라지 마라. 신들은 어떤 일도 할 수 있다. 너는 이제 가서 그만 자도록 해라. 나는 네 어머니와 이야기를 나누고 싶구나."

"당신은 누구요?"

텔레마코스가 떠나자 페넬로페가 늙은 유모와 함께 도착했다.

"에우리클레이아, 나그네에게 의자를 갖다 드리게. 나는 그에게 남편에 대해 물어 보고 싶네. 그리고 그가 왜 그렇게 슬프고 생각이 많아 보이는 얼굴을 하고 있는지 알고 싶네."

에우리클레이아는 급히 의자를 가져왔다. 그녀는 그 위에 양가죽을 깔고 오디세우스에게 앉도록 몸짓을 했다.

페넬로페는 일단 그에게 이곳이 편한지 물었다.

"낯선 분이여, 당신은 누구요? 어디서 왔으며, 당신은 어느 가문의 사람이지요?"

오디세우스는 조용히 대답했다.

"아름다운 왕비시여, 다른 것을 물어보세요. 내 가족과 고향에 대해서는 물어보지 마세요. 그 생각을 하면 마음이 무너집니다."

페넬로페는 탄식했다.

"아, 낯선 분이여, 나를 아름답다고 부르지 마세요. 내 남편이 트로이로 떠난 날부터 나는 걱정과 외로움으로 천천히 내 모습을 잃어 가고 있어요. 그가 돌아오면 모든 것이 다시 좋아지겠지요. 그러나 나는 지금 걱정과 슬픔에 싸여 있어요.

왜냐하면 오만하고 무례한 자들로 궁전이 가득하기 때문이지요. 그들은 뻔뻔스럽게 남편의 재산을 축내면서 무례한 요구로 나를 고통스럽게 하고 있어요. 나는 그들을 보지 않으려고 내 방을 지키면서 내가 잃어버린 사랑하는 사람을 위해 운답니다.

그들이 나에게 결혼을 요구하는 동안 나는 어떻게 그것을 피할 것인지를 궁리한답니다. 그래서 나는 베틀을 갖다 놓고 그들에게 말했어요. 이것은 신들이 나에게 가르쳐 준 거예요.

'이제 오디세우스는 없어졌소. 내가 슬퍼하는 그의 늙은 아버지 라에르테스의 수의를 짤 때까지만 조금 기다려 주시오. 어두운 죽음이 그에게 그림자를 던지면 그를 싸야 할 천이 있어야 하오. 그는 셀 수 없을 만큼 많은 부를 가졌기 때문에 수의도 입지 않고 저승 세계로 내려간다면

이타케의 부인들은 나를 책망할 거요.'

 그것이 그들을 따돌릴 수 있는 유일한 방법이었어요. 하루 종일 끝없이 천을 짜고 밤이 되면 램프 불 밑에서 그것을 다시 풀었어요. 나를 배신한 하녀 하나가 비밀을 폭로할 때까지 3년 동안 나는 그들을 속였어요. 어느 날 밤 그들이 들이닥쳐 옷을 풀고 있는 나를 보았어요. 그들이 화를 내고 위협하는 바람에 나는 그 일을 끝낼 수밖에 없었어요. 이제는 변명거리가 다 떨어져서 더 이상 어떻게 피해야 할지 모르겠어요.

 낯선 분이여, 나의 슬픈 이야기는 여기서 다 끝났어요. 그러니 이제 말해 주세요. 당신 부모가 당신을 어떻게 부르는지? 어떤 땅에서 왔는지? 우리는 모두 어머니, 아버지, 이름, 태어난 곳이 있으니까요."

 그러자 오디세우스가 대답했다.

 "당신이 내가 누군지 그토록 알고 싶다면, 비록 기억에 떠올리는 것은 슬프지만 모두 이야기하겠어요. 나처럼 오랫동안 고향을 떠나 있는 사람에게는 정말 비참한 생활이었어요."

오디세우스는 아직 사랑하는 아내에게 자신의 본모습을 드러낼 시간이 아니라고 생각했기 때문에, 다시 한 번 진실을 숨길 수밖에 없었다. 그는 즉석에서 이야기를 지어냈다.

"내 고향은 90개 도시와 다양한 부족이 있는 부유한 크레타 섬이에요. 나는 귀족 집안에서 태어났어요. 내 이름은 아이톤이고 아버지는 미노스의 아들 데우칼리온이오. 나의 큰형 이도메네우스가 트로이에서 싸우는 동안 제일 어린 내가 집에 남아 있었어요.

 내가 오디세우스를 만난 곳이 바로 그곳이오. 그가 트로이로 가는 길에 역풍이 불어 우리 섬에 머물렀소. 그는 이도메네우스를 만나기를 청했으나 나의 형은 벌써 떠나고 없었어요. 그래서 내가 주인으로서 그를 대접해 드렸지요. 열이틀 동안 그와 부하들은 나와 함께 머물러 있었는데, 열사흘째 되는 날 바람이 잠잠해지자 우리는 서로 작별했어요."

 그는 거짓말을 하면 할수록 점점 더 실감나게 말하게 되어, 마치 그의 말이 진실인 것 같았다.

그는 길고 긴 추방, 고난, 슬픔에 대해 이야기했다. 페넬로페는 이야기를 들으면서 모든 상황마다 남편이 떠올라 하염없이 눈물을 흘렸다. 불쌍한 여자, 바로 옆에 자신이 그리워하는 이가 앉아 있다는 것을 전혀 알지 못했다!

오디세우스는 동정심을 느꼈지만 태연하게 자신의 슬픔을 숨기며 그녀를 바라보았다. 그러자 페넬로페가 물었다.

"낯선 분이여, 만약 당신이 오디세우스를 손님으로 대접했다면 그가 어떤 옷을 입고 있었는지 말해 주시오. 그러면 나는 당신을 믿을 것이오."

"왕비여, 벌써 20년이 지난 일이기는 하지만 나는 아직 많은 것을 기억할 수 있어요. 그는 붉은 옷을 입고 있었는데 그것을 고정시키기 위한 금 장식 핀이 기억나는군요. 그것은 새끼 사슴을 물고 있는 사냥개가 조각되어 있었소. 그는 또 잘 수놓인 속옷을 입고 있었어요. 여자들은 그에게서 눈을 뗄 수 없었어요!"

페넬로페는 그의 이야기를 들으며 다시 눈물을 흘렸.

마침내 그녀는 눈물을 닦으며 말했다.

"낯선 분이여, 나는 당신을 처음 보았을 때 당신을 무척 불쌍히 여겼어요. 그러나 오늘부터 당신은 나의 친구가 될 것이고, 내 집안의 가장 명예로운 손님이 될 것입니다. 당신이 설명했던 대로 그가 입었던 옷은 내 손으로 직접 지은 거예요. 그의 옷에 있던 금 장식 핀을 바느질한 것도 나였어요. 아, 어떤 잔인한 운명이 그를 저주받은 트로이로 떠나게 했는지!"

"존경하는 왕비시여, 슬픔 때문에 당신 가슴이 무너지고, 당신의 아름다움이 시들도록 버려 두지 마세요. 당신을 탓하려는 것은 아니에요. 사랑하는 남편을 잃어버린 어떤 아내도 슬픔을 참을 수는 없을 테니까요. 그러나 당신은 신을 잃어버린 사람보다는 훨씬 덜 슬픕니다.

그러니 눈물을 닦고 내가 당신에게 말하는 새로운 소식을 잘 들으시오. 오디세우스는 살아 있소! 그는 지금 테스프로티아에서 돌아오는 중일 것이오. 성난 바다에서 그는 동료들을 모두 잃었소. 그는 홀로 파이아케스 인의 땅에 밀어올려질 때까지 숱한 날들을 파도와 싸웠소.

그들은 그를 신처럼 받들었고 그에게 값진 선물을 많이

주었소. 그들은 그를 집으로 보낼 빠른 배를 준비하고 있었소. 아마 그는 벌써 여기에 왔는지도 모르오. 그러나 그는 먼저 테스프로티아에 가는 게 현명하다고 생각한 것 같소. 거기서 그는 이곳에 공개적으로 와야 하는지 혹은 비밀리에 와야 하는지, 제우스의 신성한 참나무로부터 그것을 알기 위해 도도나의 신탁소에 갔다고 하오.

나는 테스프로티아의 왕 페이돈으로부터 이 모든 소식을 들었소. 왕은 그를 깍듯이 대접했고, 그가 도도나로부터 돌아오기를 기다리고 있었소.

그러나 나는 둘리키온으로 향하는 배를 타고 일찍 떠나는 바람에 오디세우스를 보지는 못했소. 그러나 나는 그의 보물을 보았는데 자손 대대로 먹고살기에 충분할 정도였소.

오디세우스는 안전하고 그가 나타나기까지는 그리 오래 걸리지 않을 것이오. 나는 제우스에게 모든 것이 내가 이야기한 대로 이루어지기를 빌겠소."

그러자 페넬로페가 대답했다.

"당신이 말한 게 모두 사실이라면, 그때 나는 당신에게 모든 이가 부러워할 만큼 많은 선물을 주겠소. 얘들아, 이리 와서 이분을 씻겨 드려라. 그리고 동이 틀 때까지 푹 잘 수 있도록 따뜻한 이불이 있는 침대를 준비해라. 내일 나는 그를 텔레마코스의 옆자리에 앉힐 것이다. 다른 사람이 화를 낸다 하더라도 상관하지 않겠다."

오디세우스는 왕비를 걱정하며 대답했다.

"나를 위해 그러지 마세요. 나는 폭풍 치는 바다에서 오랫동안 시달려서 부드러운 잠자리와 깨끗한 이불이 더 불편하오. 오늘 밤은 내가 몇 년 동안 해 왔던 것처럼 아무렇게나 잘 것이오. 그리고 참, 나는 당신의 노예 소녀가 내 발을 만지는 것은 싫소. 그렇지만 나만큼 험한 풍파를 겪은 마음씨 착한 늙은 부인이 해 준다면 거절하지 않겠어요."

그의 말에 페넬로페가 대답했다.

"친애하는 손님, 당신같이 신중하고 친절한 분은 한 번도 우리 집에 오신 적이 없었어요. 사실 나는 착하고 세심한 늙은 부인 한 명을 데리고 있소. 그녀는 불행한 내 남편의 유모였소. 지금 그녀는 늙고 약하지만 그녀가 당신 발을 씻겨 줄 거요.

　에우리클레이아, 어서 들어와요. 그리고 이분의 발을 씻겨 주세요. 그의 팔과 다리도 당신처럼 주름이 졌어요. 험난하고 고된 삶은 인간에게 그 증거를 남기지요."

　늙은 에우리클레이아는 오디세우스를 보고는 크게 외쳤다.

　"맙소사! 오디세우스, 친절한 주인이여! 당신은 신들을 숭배하며 그렇게 풍성한 제물을 바쳤는데, 왜 제우스는 당신을 그렇게 심하게 다루었나요? 당신이 바라는 게 하나 있었다면, 당신의 아들이 훌륭한 젊은이로 자라는 것을 보며 행복하게 늙는 것이었지요. 당신이 돌아오는 날은 절대 오지 않을 거예요. 그리고 마치 여기 있는 심술궂은 여자들이 그러는 것처럼 어떤 낯선 곳에서 노예 소녀에게 조롱을 당하고 있겠지요.

　나의 주인과 닮은 분이시여, 나는 당신이 당한 그 고통에 대해 동정심을 갖기 때문에 정성을 다해 씻어 줄 거예요. 또 하나 이유가 있어요. 여기를 다녀간 모든 방문객 중에 당신처럼 오디세우스와 닮은 사람은 없었어요. 목소리까지도. 아니, 다리까지도 닮으셨습니다."

오디세우스가 대답했다.

"다른 사람들도 그렇게 말했어요. 눈썰미가 있는 사람들 눈에 우리가 매우 비슷하게 보이는 것은 사실이에요."

"도련님, 당신은 오디세우스!"

에우리클레이아는 나가서 세숫대야를 가져왔다. 그러고 나서 찬물과 더운물을 반반씩 섞었다. 그동안 오디세우스는 그녀가 자신을 알아볼까 봐 두려워서 환한 불 옆을 피해 구석으로 의자를 옮겼다. 어릴 때부터 그의 다리에는 흉터가 있었다. 만약 에우리클레이아가 그것을 본다면 일이 잘못될 수도 있었다.

에우리클레이아는 그의 다리를 씻기기 시작했다. 그녀의 손이 솟아오른 그의 흉터에 닿았을 때, 그녀는 너무 놀라서 갑자기 오디세우스의 다리에서 손을 뗐다. 그 바람에 세숫대야가 뒤집히며 물이 모두 엎질러졌다.

늙은 유모의 눈에서 눈물이 쏟아졌다. 그녀는 손으로 주인의 턱을 감싸며 떨리는 목소리로 말했다.

"오디세우스 도련님, 도련님의 상처를 보기 전에 내가 어째서 도련님을 알아보지 못했을까요?"

그녀는 얼른 페넬로페를 향해 몸을 돌렸다.

그러나 아테나가 왕비의 마음을 온통 다른 생각으로 가득 채우고 시선을 다른 쪽으로 두도록 했기 때문에 그녀는 아무것도 눈치챌 수 없었다.

그때 오디세우스는 에우리클레이아의 말을 막고 조용한 목소리로 속삭였다.

"유모, 내 계획이 실패하기를 바라오? 진정 내가 집으로 돌아오기를 원하나요?"

에우리클레이아는 곧 주인이 변장하고 있어야만 하는 이유를 알았다.

그녀가 대답했다.

"무슨 말을 해야 할지, 도련님!"

"두려워하지 말아요. 그 누구도 나에게서 아무것도 알아낼 수는 없어요."

그녀가 발을 다 씻기자 그는 흉터를 숨기기 위해 헝겊으로 다리를 쌌다.

그는 다시 페넬로페와 이야기를 나누기 위해 불 옆에 앉았다. 페넬로페가 말했다.

"나는 지금 두 가지 생각으로 몹시 혼란스러워요. 남편에 대한 기억과 백성들의 의견을 존중하면서 아들 곁에 머물러 있어야 하는지, 아니면 가장 친절하고 자비로운 구혼자를 택해 다시 결혼해야 하는지? 나는 이제 다 큰 아들에게 몰락이 닥쳐오고 있다는 것 외에는 어떤 생각도 들지 않아요.

그러므로 텔레마코스에게 상속할 무엇인가가 아직 남아 있을 때, 나는 그들 중 한 명을 선택해서 아버지에게 데려가야만 해요. 그것이 아들을 위해 내가 할 수 있는 일이에요. 나는 내가 오디세우스의 궁전에 작별을 고해야만 하는 저주받은 날이 가까워 오는 게 몹시 두려워요.

나는 곧 구혼자들을 위한 시합을 준비할까 생각하고 있어요. 내 남편은 열두 개의 도끼 머리를 한 줄로 똑바로 세우고는 활을 겨누어 모든 손잡이 고리를 일직선으로 통과하도록 화살을 쏘았어요. 그는 한 번도 실패한 적이 없어요. 그것이 내가 그들을 시험하기 위해 생각하고 있는 계획이랍니다. 그리고 모두 열두 개의 도끼를 통과하여 화살을 쏘는 사람을 남편으로 택한 뒤, 달콤한 기억들이 항상 나를 따라다니는 이 사랑하는 집을 떠나겠어요."

그러자 오디세우스가 대답했다.

"존경하는 왕비여, 당신의 계획을 지체 없이 행하시오. 나는 그 중요한 시기에 이 묘기를 보일 수 있는 단 하나의 승리자인 오디세우스가 나타나리라 확신합니다."

"그렇게 하겠어요. 밤이 늦었어요. 이제 잠을 좀 자야 할 것 같아요. 나는 남편이 떠난 뒤 언제나 눈물로 젖어 있는 내 침대로 갑니다. 당신이 원하는 곳에 하녀들을 시켜 이불을 깔도록 하겠어요."

오디세우스는 양가죽 위에 누웠다. 그러나 그는 마치 타는 석탄 위에 누운 것처럼 뒤척이며 잠을 이루지 못했다. 그의 마음이 구혼자들에 대한 복수의 계획으로 소용돌이치고 있었기 때문이다.

아테나가 그의 눈에 달콤한 잠을 붓기 전까지 그의 의식은 너무나 또렷했다.

페넬로페는 희부연 새벽빛 속에서 깨어 흐느끼며, 아르

테미스에게 기도했다. 그녀는 눈물을 흘리며 간절한 마음으로 빌었다.

"제우스의 따님이시여, 오늘 저는 내 옆에 있는 오디세우스의 꿈을 꾸었습니다. 그는 마치 진짜 살아 있는 사람 같아서 너무 기뻤습니다. 지금 나는 다시 잠에서 깨어나 슬퍼하고 있습니다. 부디 당신의 활을 들어 제 목숨을 여기서 끝내 주십시오. 오디세우스가 아니면 그 어떤 사람과도 행복하게 살고 싶지 않습니다!"

마침내 결전을 벌이기 위한 날이 밝았다. 에우리클레이아가 하녀들에게 할 일을 지시하는 동안, 오디세우스와 텔레마코스는 침대에서 일어났다.

"오늘 모든 것을 조심스럽게 다루어라. 의자에 가장 좋은 덮개를 씌우고, 테이블을 잘 닦고, 컵도 깨끗하게 씻어 두어라. 우리는 경쟁자들을 위해 축제를 열고 있다!"

얼마 뒤에 돼지치기 에우마이오스가 새끼 돼지 세 마리를 가지고 산에서 내려왔다. 그는 돼지들이 코로 땅을 헤집으며 먹을 것을 찾도록 밖에 그냥 내버려 두었다. 그리고 오디세우스를 찾아가 그가 구혼자들과 잘 지내는지,

그들이 다시 그를 모욕하지는 않았는지 물었다.

오디세우스가 대답했다.

"그들이 다른 사람의 집에 몰락을 가져온 것에 대한 대가를 치를 용기가 있다면, 모두 나를 모욕할 수 있겠지."

잠시 뒤에 염소치기 멜란테오스가 구혼자들의 식탁으로 아이들을 데려왔다. 그는 오디세우스를 보자 다시 욕을 퍼부었다.

"당신, 아직 여기서 동냥하며 돌아다니고 있어? 우리 모두 매라도 때리기 전에 빨리 사라지는 게 좋을걸. 다른 사람의 식탁에 가서 당신 배를 채우도록 해!"

오디세우스는 그에게 아무 대꾸도 하지 않았다. 단지 기분 나쁘게 머리를 흔들고는 복수에 대한 생각에 잠겼다. 목동의 우두머리 필로이티오스가 소와 염소를 몰고 와서 오디세우스를 보며 에우마이오스에게 물었다.

"에우마이오스, 새로운 사람은 누구인가? 그의 행운이 다한 것 같군. 그러나 그의 얼굴을 보니 괜찮은 사람인 것 같군. 하지만 항상 그런 식이지. 신들은 방랑자들의 삶을 비참하게 만드니까. 비록 그들이 왕이라 할지라도. 아, 잔인한 제우스! 당신은 인간에게 너무나 무정하오. 당신은 우리를 만들어 놓고는 모든 종류의 슬픔과 고난으로 우리를 괴롭히고 있어."

그러고 나서 그는 오디세우스의 손을 잡으며 말했다.

"낯선 이여, 당신을 보니 갑자기 나의 주인이 생각나는군요. 만약 그가 살아 있다면 누더기를 입고 어딘가를 방랑하면서 당신같이 살고 있을 거라는 생각에 별안간 식은땀이 납니다. 그가 떠나기 전에 나에게 모든 목동을 감독하라고 당부했어요. 그는 나에게 돌보아야 할 소를 주었고, 그 이후로 소는 두 배로 늘어났어요. 그러나 지금은 다른 사람들이 명령하고 있어요. 나는 왕의 영지에서 그렇게 멋대로 먹는 그들을 위해 쇠고기를 들여와야 합니다. 왜 나는 그들을 때려눕히지 못하고 망설이기만 하는지…….

그의 아들이 아직 여기 있지만, 가축 떼를 몰고 다른 곳으로 가고 싶어요. 왜냐하면 그들이 하는 행동은 어떤 사람도 참기 힘든 정도니까요. 빨리 주인이 나타나서 그들에게 마땅한 보복을 해 주면 좋겠어요."

그러자 오디세우스가 말했다.

"친구여, 당신은 정직하오. 바보도 아니오. 나는 감히 당신에게 말할 수 있소. 나는 제우스의 이름으로, 내가 오디세우스의 식탁에서 먹는 빵의 이름으로, 오디세우스가 돌아와서 반드시 당신 눈으로 구혼자들의 몰락을 보게 할 거라고 맹세합니다."

필로이티오스는 갑자기 소리 높여 말했다.

"제우스여, 그가 돌아오도록 하소서. 그러면 당신은 이 팔 안에 어떤 힘이 있는지 보게 될 것이오."

구혼자들이 오자 양과 염소, 살찐 돼지, 송아지를 차례대로 죽였다. 고기를 굽고 잘라 놓자 노예 소녀들이 그것들을 식탁으로 날랐다.

텔레마코스는 문 옆에 자리를 마련한 뒤 의자를 끌어다 오디세우스를 조그만 식탁에 앉게 했다. 그리고 그에게 포도주와 함께 맛있는 음식을 주었다.

이것을 본 크테시푸스는 자리에서 일어나더니 큰 소리로 비웃었다. 그는 방 안에 있는 다른 사람들과 하나도 다를 게 없는 염치없는 사람이었다.

"자, 보세요, 자랑스런 구혼자들이여. 저기 낯선 사람이 우리와 똑같은 양의 음식을 받아 놓고 있어요. 아니, 더 많은 것 같군요. 내 것을 더 주어야겠어요."

그러고는 접시에서 소의 다리를 집어 들고는 곧장 오디세우스의 머리로 던졌다. 오디세우스는 슬쩍 몸을 돌려 피하면서 입가에 쓴 미소를 지으며 뒤돌아보았다.

크테시푸스는 그 미소의 의미를 알지 못했다. 그때 텔레마코스가 벌떡 일어나 다른 구혼자들이 깜짝 놀랄 만큼 단호한 태도로 말했다.

"크테시푸스, 나그네가 제대로 피했기 망정이지, 그렇지 않으면 당신 아버지는 지금 결혼이 아니라 장례식 준비를 하고 있을 겁니다!"

구혼자들은 그의 말에 꺼림칙해하면서도 조롱했다. 그러고 나서 그들은 눈이 붉어지고 눈물이 흘러 넘칠 때까지 포도주 잔을 기울이면서 음식을 먹어 댔다. 그들의 취한 모습은 마치 자신에게 떨어질 운명을 알고 우는 것처럼 보였다.

그때 텔레마코스와 함께 필로스에서 돌아온 예언자 테

오클리메노스는 소리쳤다.

"불쌍하고 염치없는 사람들! 어떤 무서운 힘이 당신들 머리 위에 놓여 있다. 어떤 어두움이 당신들의 눈을 가리고 있다. 이제 파멸의 시간이 시작되었다. 벽은 피로 물들 것이다. 죽음의 그림자가 온 방 안을 돌아다니고 있다. 태양은 사라지고 어둠의 장막이 하늘을 가린다. 검은 죽음이 우리 위에 있다!"

그러자 에우리마코스가 벌떡 일어나며 그를 비웃었다.

"이 친구가 정신이 나갔군. 여기서 어둠을 발견했다면 왜 태양 속으로 피하지 않는 거지?"

"에우리마코스, 내 눈은 아주 정확하다. 내 정신이 돌았다고 생각하지 말아라. 사자우리 안에서 잔치를 벌이는 줄도 모르고, 경고를 해 주는 사람을 조롱하는 바보들과는 더 이상 같이 있고 싶지 않다."

그는 이 말을 하고 궁전을 떠나 도시로 내려갔다. 그가 떠나자 구혼자 하나가 큰 소리로 외쳤다.

"텔레마코스, 네가 데려온 한 쌍의 손님은 훌륭하군! 하나는 뱃속에 구멍이 난 것처럼 먹고 마시며 일도 전쟁에도 나가지 않는 게으름뱅이이고, 다른 하나는 아주 훌륭한 예언자 역할을 하는군! 내가 충고 하나 하지. 어서 그들을 다발로 묶어서 바다 건너 시칠리아 인에게 보내. 그들은 재산을 늘리는 데 충분히 한몫 할 거야."

텔레마코스의 강한 눈빛을 알아차렸더라면 그는 조용히 앉아 있어야만 했다. 텔레마코스의 생각과 눈은 신호를 간절히 기다리면서 아버지에게 고정되어 있었다.

그때까지 한 치의 의심도 하지 않는 구혼자들은 웃고 떠들고 소리지르며 게걸스럽게 먹고 마셨다.

그러나 이후에 벌어질 일은 아무도 예상하지 못한 가장 치명적인 것이었다. 아테나 여신과 그의 거지 전사는 이제 충분한 준비가 되어 있었다.

최후를 맞는 구혼자들

오디세우스의 활

아테나는 페넬로페에게 시합을 위한 활과 도끼를 가지고 가게 했다. 이 시합은 구혼자들에게 최후의 심판이나 다름없었다.

그녀는 위엄을 갖추고 계단을 올라갔다. 그러고는 왕의 보물들이 소중하게 보관되어 있는 방문을 열었다. 그곳에는 활과 화살 통이 있었다.

이 활은 원래 그리스 최고의 사수인 에우리토스 것이었다. 그는 단지 헤라클레스에게만 진 적이 있었다. 그가 죽고 나서 활과 화살통은 그의 아들 이피토스가 물려받았다.

오디세우스는 펠로폰네소스에 갔을 때 이피토스를 만났다. 그들 사이에는 돈독한 우정이 싹텄고, 우정의 증표로 무기를 교환했다. 오디세우스는 그의 우정을 기억하기 위해 활을 가지고 있었으나 트로이에는 가지고 가지 않았다.

그 활은 20년 동안 궁전 안의 보물 창고에 숨겨져 있었다. 그리고 이제 구혼자들을 파멸시키기 위해 비밀 장소에서 꺼내지게 되었다.

페넬로페는 활을 꺼내 들고 앉아서는 무릎 위에 놓았다. 옛날의 기억이 되살아나자 그녀의 뺨에는 눈물이 흘러내렸다.

잠시 뒤 그녀는 일어나서 눈물을 닦고는 활을 들고 구혼자들이 기다리고 있는 곳으로 내려갔다. 그리고 그곳에서 선언했다.

"들으시오, 내가 자신의 아내가 되길 바라는 당신들은 남의 재산을 축내며 먹고 마시며 사는 게 삶의 더없는 기쁨이겠지요. 이제부터 오디세우스의 화살을 가지고 자신을 증명하시오. 만약 당신들 중에 화살을 쏘아서 한 줄로 서 있는 열두 개 도끼 머리 손잡이의 고리를 통과시키면 나는 그를 남편으로 선택하고 그를 따라 사랑하는 내 집에서 떠날 것을 약속하오."

그러고는 에우마이오스에게 활과 도끼 머리를 구혼자들 앞에 세우라고 명령했다. 그는 눈물을 흘리면서 그것들을 화살이 가득 든 화살통과 함께 탁자 위에 놓았다. 그리고 주인의 훌륭한 화살을 보고 다시금 눈물을 흘렸다.

안티노오스는 이런 모습을 지켜보며 벌컥 화를 냈다.

"왜 훌쩍거리고 있느냐, 이놈아? 나가든지 아니면 입을 다물고 울음을 그쳐라. 우리 앞에는 지금 어려운 시합이 놓여 있다. 이런 활은 당기는 것조차 쉬운 일이 아니야. 내가 알고 있는 한 우리들 중에는 오디세우스 같은 사람은 없어. 그가 트로이로 떠날 때 나는 아직 어린아이였는데, 나는 진심으로 감탄하며 그를 바라보았지."

이렇게 말하면서도 그는 화살을 도끼 자루 고리들 사이를 통과시킬 수 있다는 확신을 가졌다.

그때 텔레마코스가 나서며 말했다.

"이제 말은 그만하고 이리 와서 아름다운 페넬로페를 찬양하시오. 그리스 전역에서 감히 비교할 만한 사람이 없는 아름다운 부인입니다. 당신들이 그녀의 높은 가치를 아는 이상, 내가 더 이상 그녀를 칭찬해야 할 필요가 있을까요? 자, 그러면 시작합시다! 당신들에게 부탁하건대, 내가 먼저 아버지의 활을 쏘아 보겠습니다.

만약 내가 활을 구부려 줄을 팽팽히 하고 도끼들 사이로 화살을 통과시킨다면, 나는 어머니가 다시 결혼하는 데 반대하지 않겠습니다. 내가 드디어 아버지의 무기를 지닐 수 있는 충분한 나이가 되었다고 생각하고 행복하게 이 땅에 머무를 것입니다."

그는 굳게 약속하면서 도끼 머리를 완벽하게 일직선으로 세웠다. 구혼자들은 그가 경험이 없는데도 동작이 매우 능숙한 것을 보고는 놀랐다.

텔레마코스는 활을 잡고 기둥에 기대어 활시위를 메웠다. 그리고 세 번이나 활 끝을 둥글게 구부려서 팽팽하게 하려고 했다. 그러나 그는 세 번 모두 실패했다. 네 번째 시도했을 때 그는 드디어 활을 구부리기 시작했다. 그러나 그는 아버지가 눈짓으로 경고하는 것을 보고는 다시 줄을 풀었다.

그는 자신에게 화난 것처럼 소리쳤다.

"내가 이렇게 약하단 말인가? 나 대신 당신들이 해 보지 그래요? 나보다 당신들 팔 힘이 훨씬 더 셀 테니까."

그러고는 메우지 못한 활을 기둥에 세워 놓고 자기 자리로 돌아갔다.

안티노오스가 제안했다.

"우리, 앉아 있는 순서대로 시작합시다."

먼저 일어난 것은 리오데스였다. 그는 사수이기보다는 예언자에 가까웠다. 그는 한 번 시도해 보고는 활을 내려놓으며 투덜댔다.

"다음 사람이 해 보게. 이 활은 아마 많은 젊은이들을 쓰러뜨릴 거다. 나는 그것을 메울 수 있는 사람이 아니야."

안티노오스는 조롱하듯이 소리쳤다.

"이봐, 리오데스. 당신이 그것을 구부리지 못했다고 우리 모두에게 죽음을 예언해? 멜란테오스, 우리에게 양초

덩어리를 가져 오게. 활에 기름을 바르면 더 쉽게 구부릴 수 있을 거야."

그들은 양초에 열을 가해 마르고 오래 된 활에 문질렀다. 구혼자들이 연달아 도전했으나 아무도 성공하지 못했다. 그러나 가장 힘이 센 경쟁자 에우리마코스와 안티노오스는 아직 시도해 보지 않았다.

그동안 두 목동 에우마이오스와 필로이티오스는 안마당으로 갔다. 그때 오디세우스가 그들에게 다가갔다.

그는 비밀을 털어놓았다.

"나는 당신들에게 물어보고 싶은 게 있소. 왜 그런지 나도 잘 모르겠지만 아직 망설여지오. 동료들이여, 말해 보시오. 만약에 오디세우스가 갑자기 나타난다면 당신들은 어느 편에 설 것이오? 그의 편이오, 아니면 구혼자들 편이오?"

그가 이렇게 묻자마자 두 사람 모두 신들에게 주인이 돌아오게 해 달라고 빌었다고 대답했다. 그들은 가장 신성한 모든 것의 이름을 걸고 그의 편에 설 거라고 맹세했다.

오디세우스는 그들의 귀 가까이 몸을 숙이고 낮은 목소리로 말했다.

"자, 내가 왔소. 다시 집으로 돌아왔소! 그래요, 내가 바로 오디세우스요. 20년 동안 필사적인 방황을 끝내고 이타케로 돌아왔소. 나의 모든 부하들 중 당신들이 나에 대한 충성을 가장 명확히 보여 주었소. 나는 처음 순간부터 그것을 보았고 지금도 그것을 보고 있소. 당신들에게 내가 정말 오디세우스인 것을 증명하기 위해 파르나소스에서 야생 수퇘지에 물린 흉터를 보여 주겠소."

그는 이렇게 말하면서 다리를 감고 있는 누더기의 끈을 풀었다. 흉터를 보는 순간, 그들은 주인이 돌아왔다는 사실을 믿게 되었다. 그들은 오디세우스의 두 팔에 몸을 던지며 기쁨의 눈물을 흘렸다.

오디세우스는 그들을 부드럽게 달래며 이야기했다.

"내 말을 잘 들으시오. 지금 안으로 들어가시오. 하나씩 하나씩 눈에 띄지 않게 말이오. 이 시합이 절정에 이르렀을 때 내가 화살을 쏘아 보겠다고 말할 것이오.

만약 그들이 반대하기 시작하면 에우마이오스 당신이

뛰어가 활과 화살을 나에게 가져오시오. 그러고 나서 노예 소녀들을 밖으로 내보낸 뒤 문을 막으시오.

 그들이 신음 소리와 무기들이 부딪치는 소리를 듣더라도 얼굴을 들이밀지 않고 자기들이 하던 일을 계속 하도록 해야 하기 때문이오. 그리고 당신 필로이티오스, 안마당 문을 빨리 닫고 긴 끈으로 그것을 묶어 잠그시오."

 그는 이렇게 지시를 내리고 홀로 돌아가 의자에 다시 앉았다. 곧 두 목동이 하나씩 하나씩 들어왔다.

 이제 에우리마코스가 활을 들고 있었다. 그는 나무에 더 탄력 을 주기 위해 불 위에 대고 있었다.

 활이 충분히 뜨거워지자 그는 그것을 구부려서 화살을 시위에 메우려고 노력했다. 그러나 얼굴이 주홍빛이 될 때까지 무리를 해 보았지만 그의 노력은 헛되고 말았다. 결국 그는 활을 집어던지고는 넌더리를 내며 말했다.

 "나는 자신에게 화가 나고 우리 모두에게 화가 나는군. 왜냐하면 우리가 결혼을 하려고 이렇게 많은 힘을 쓰는 게 아니라, 우리가 스스로를 바보로 만들고 오디세우스보다 못하다는 것을 보였기 때문이야. 사실 이타케와 이웃

섬에는 예쁜 여자들이 가득하다고. 지금의 이 치욕이 잊혀지려면 몇 세대가 필요할 거야."

그러자 안티노오스가 대답했다.

"에우리마코스, 그건 걱정하지 말게. 오늘은 화살을 시위에 메우기에 적당한 날이 아닐 뿐이야. 활을 구석에 치우고 하녀들에게 잔을 채우도록 하지. 내일 우리가 염소를 죽일 때, 활과 화살을 가장 훌륭한 사수인 아폴론에게 먼저 바치세. 그리고 우리의 시합을 끝내도록 노력하세."

"내가 해 보겠소."

안티노오스의 제안에 모든 사람이 동의했다. 포도주가 들어오고 컵이 가득 채워졌다. 모두들 신에게 먼저 술을 따르고 포도주를 마셨다.

어느 정도 시간이 흐르자 오디세우스가 자리에서 일어났다.

"우아한 왕비를 위한 경쟁자들이여, 누구보다도 에우리마코스와 안티노오스. 아폴론이 선택한 사람이 승리하기를 바라는 것이 옳은 일이기를 바랍니다. 그런데 나한테도 한번 활을 쏠 수 있는 기회를 주지 않겠소. 나는 내 손에 아직 힘이 남아 있는지, 혹은 항해와 고난의 날들이 내 원래 힘을 빼앗아 갔는지 알고 싶을 뿐이오."

구혼자들은 그의 이야기를 듣고 화가 났다. 안티노오스는 자리에서 벌떡 일어나며 그에게 소리쳤다.

"미쳤소! 당신은 여기 앉아서 좋은 음식을 얻어먹으며 우리의 비밀을 듣는 것만으로도 모자란단 말이오? 당신은 포도주를 너무 많이 마셔 당신에게 좋은 게 무엇인지 알지 못하는가? 당신은 사수 에우리티온에게 일어난 일을 잊었나? 그는 포도주에 취해서 페이리토오스의 궁전에서 여자를 범하려 했어. 당신이 우연히 활시위를 메울지는 모르겠지만, 그래서 당신 귀와 코가 잘리기를 원하오? 아니면 우리가 아무도 당신을 살려 줄 수 없는 무정한 에케토스 왕에게 보내는 게 낫겠소? 당신은 그저 평화롭게 마시기만 하면 돼. 당신보다 훌륭한 사람들과 싸우려고 하지 마시오."

이때 페넬로페가 화를 내며 끼어들었다.

"안티노오스, 당신은 텔레마코스의 손님에게 그렇게 무

례하게 행동할 수 있소? 당신은 설마 낯선 분이 활을 쏘아 나를 아내로 얻게 될까 봐 두려워서 그런 건 아니겠지요. 내가 당신에게 보장하는데 그럴 희망은 없소. 그러니 활을 가져다 주고, 그런 눈으로 당신 앞에 놓인 음식을 노려 보지 않도록 하시오."

그러자 에우리마코스가 대답했다.

"부인, 이 누더기 입은 낯선 자가 당신을 아내로 얻게 될까 봐 두려워하는 게 아니에요. 그는 분명히 당신보다 훨씬 못한 사람이에요. 그러나 만약에 이자가 활을 쏘아 화살이 도끼 머리를 통과한다면 어떻게 하지요? 그때는 세상에 뭐라고 말할 겁니까? 형편없는 거지에게 당하는 것보다 더 부끄러운 일이 있을 수 있겠소?"

페넬로페가 대답했다.

"에우리마코스, 당신들은 용감한 사람의 집에서 아무 부끄러움 없이 그렇게 먹고 마시면서, 낯선 이가 당신을 패배시키는 일이 생기면 세상이 무엇이라 할지에 대해 왜 부끄러움을 느끼나요? 나는 그에게 기회를 주겠소. 그는 튼튼한 사람인 것 같아요. 그리고 그는 자신이 건장한 남자라는 것을 한번 확인해 보고 싶은 거겠지요. 나는 그가 활을 잡아당기기를 원해요. 만약 그가 그렇게 한다면, 나는 그에게 새 옷과 칼과 날카로운 창을 주고 그가 가고 싶은 곳으로 보내 주겠소."

텔레마코스가 그녀의 말에 끼어들었다.

"어머니, 낯선 이가 활시위를 메워야 하는지 아닌지를 결정하는 것은 나에게 달려 있어요. 그에게 주고 싶은 대로 선물을 주는 것 또한 나에게 달려 있어요. 아무도 나에게 이래라저래라 간섭할 권리가 없어요. 그러니 어머니는 이제 어머니가 할 일만 하세요. 시합에 대한 일과 이곳에서 일어나는 다른 어떤 문제에 대해서도 내가 결정하겠어요. 나는 이 집의 주인입니다."

페넬로페는 명령하는 듯한 아들의 모습을 보고 매우 기뻐하며 기꺼이 자신의 방으로 올라갔다. 그리고 잠시 뒤 아테나는 그녀의 눈에 달콤한 잠을 불어넣었다.

그때 에우마이오스가 오디세우스에게 활을 갖다주기 위해 활을 집어 들었다. 그가 활에 손을 대자 구혼자들 사이에서 불평이 터져 나왔다. 어떤 건방진 젊은이가 소리쳤다.

"더러운 늙은이, 어디서 함부로 그것에 손대려는 거야? 조심하지 않으면 우리는 당신을 개들에게 던져 버릴 거야. 당신은 한 푼도 지니지 못하고 저승 세계로 가게 될 거야."

이 말이 끝나자마자 사람들은 그를 저주하기 시작했고, 에우마이오스는 두려움에 활을 다시 놓았다. 그러자 텔레마코스가 크게 화를 내며 소리쳤다.

"활을 다시 드시오! 그들의 말을 듣지 마세요. 그렇지 않으면 당신에게 돌세례를 퍼붓게 할 것이오! 나는 당신보다 어리지만 훨씬 강하오. 내가 구혼자들과 대적하는 힘을 가졌다면, 어느 누구도 내 명령에 복종하지 않을 수 없을 거요!"

그리하여 에우마이오스는 활을 다시 집어 들고 가서 오디세우스의 손에 건네 주었다. 그러고 나서 그는 에우리클레이아를 만나러 달려갔다. 그는 그녀에게 말했다.

"당신과 노예 소녀들은 저 문으로 들어오지 말라는 텔레마코스의 명령이오. 만약 신음 소리나 다른 소리가 들려도 몰래 엿보거나 하지 마시오. 그냥 하던 일이나 계속 하시오."

에우리클레이아는 그의 말에 따랐다. 필로이티오스도 마당 문을 닫으러 갔다.

그는 견고한 배의 밧줄로 문을 단단히 묶고는 자리로 돌아와, 오디세우스가 다음에 무슨 일을 하는지 지켜보았다.

오디세우스는 활을 여기저기 살펴보며 서 있었다. 그러자 구혼자 한 명이 옆사람에게 투덜거렸다.

"저 친구는 틀림없이 사냥꾼일 거야. 그는 활을 보자마

자 좋은 활인지 아는 것처럼 보였어. 그는 집에 그것과 비슷한 다른 활도 가지고 있을 거야. 그리고 아마도 그것과 똑같은 것을 만들기 위해 자세히 보아 두는 건지도 몰라. 교활하고 늙은 멍청이 같으니라구."

그러자 다른 구혼자가 덧붙였다.

"그가 활을 쏘지 못하고 내려놓으면 우리는 그냥 가만히 앉아서 그에게 일어나는 일만 구경하면 돼."

그러나 오디세우스는 활을 잡고 가수가 하프의 새로운 줄을 맞추는 것처럼 쉽게 줄을 감았다. 그러고는 능숙하게 활시위를 당겼다. 활시위는 충분히 팽팽한 듯, 마치 달

콤한 노랫 소리처럼 그의 손을 스치고 지나갔다.

구혼자들은 두려움으로 얼굴이 창백해졌다. 바로 그때 제우스가 천둥 소리를 보냈다. 신으로부터 신호를 받은 오디세우스는 몹시 기뻐하며 구혼자들의 몸에 박힐 화살들을 탁자 위에 가지런히 놓았다.

그러고 나서 활시위에 청동 끝이 달린 화살을 메우고는 세게 그리고 정확히 잡아당겨, 처음 도끼 머리에 있는 구멍을 통과하여 마지막까지 똑바로 날아가도록 화살을 날려 보냈다.

오디세우스가 성공하자 그는 아들을 돌아보며 말했다.

"텔레마코스, 보았지요? 당신의 손님은 당신을 부끄럽게 만들지 않았소. 나는 쉽게 화살을 메우고 표적을 맞혔소. 구혼자들은 나를 무시했지만 내게는 아직 힘과 기술이 남아 있소. 하지만 이게 무슨 소용이오. 그들은 먼저 실컷 먹고 난 뒤, 그들이 원하는 만큼의 오락을 할 수 있으면 그뿐인 것을."

그는 이렇게 말하면서 눈을 내리깔며 고개를 끄덕였다. 그러자 텔레마코스는 재빨리 날카로운 칼을 찼다. 그러고는 날카로운 창을 단단히 잡고 아버지와 합세했다.

첫 번째 죽음을 맞이한 안티노오스

이제 위대한 영웅은 누더기를 집어던지고 활과 화살통을 들고는 문지방으로 뛰어올랐다. 그는 발 밑에 화살을 쏟아 놓고 활시위에 화살 하나를 메우며 말했다.

"자, 내가 맞히고 싶어하는 표적 하나를 먼저 맞히자!"

오디세우스는 번개처럼 빠르게 표적을 겨냥했다. 안티노오스의 목에 치명적인 화살을 쏘았다. 아름다운 금잔을 입술에 대고 있던 안티노오스의 죽음은 아무도 예상하지 못했었다.

어느 누가 아무리 용기가 많더라도, 어떻게 그의 친구들 앞에서 감히 안티노오스를 죽일 수 있을까?

안티노오스는 쓰러지면서 탁자를 뒤집었다. 손에 들고 있던 잔이 떨어지자 떨어진 빵과 고기가 포도주와 함께 뒤죽박죽이 되어 버렸다.

다른 구혼자들은 소리를 지르며 무기를 찾으러 뛰어다녔다. 그러나 벽은 텅 비어 있고 창과 방패는 어디에서도 볼 수 없었다. 참을 수 없는 분노로 거칠어진 그들은 오디세우스에게 저주를 퍼부었다.

"야만인, 어떻게 사람을 향해 쏠 수 있어? 그것이 네 손에서 떠나는 마지막 화살이 될 것이다. 잔인한 괴물 같으니라고. 너는 이타케의 가장 훌륭한 영주를 죽였으니 이제 너의 최후가 왔다!"

그들은 그가 실수로 화살을 잘못 쏘았다고 생각했던 것이다. 함정이 그들을 에워싸고 있다는 것은 생각조차 하지 못했다.

그런데 갑자기 오디세우스의 목소리가 들리자 그들은 공포로 온몸이 얼어 버렸다.

"너희들은 내가 돌아오지 못할 거라고 말했지. 그래서 너희들은 나의 집과 가족을 갉아먹었겠다! 부끄러움 한 점 없이 하녀들을 유혹했지! 그리고 나의 고귀한 아내까지 빼앗아 가려 했지! 너희 같은 바보들은 언젠가 부도덕한 생활에 대한 대가를 치러야 할 날이 올 거라고는 생각조차 못했겠지."

에우리마코스가 용기를 내어 말할 때까지 구혼자들은

그 자리에서 꼼짝도 못 하고 떨고 있었다.

"만약에 당신이 진짜로 오디세우스라면 그들이 저지른 악에 대한 분노는 당연하오. 그러나 보시오! 모든 비난을 받아야 할 사람은 이미 죽어 누워 있어요. 모든 것을 결정한 사람은 안티노오스였소.

그는 당신 아내와 결혼하는 게 목적이 아니라 당신 아들을 죽이고 이타케를 통치하기 위해서 그랬던 거요. 그러니 그가 받을 만한 대가를 치른 거요.

우리는 우리가 먹고 마신 것만큼 당신에게 돌려주겠소. 그리고 각자 스무 마리의 소를 벌금으로 더 물겠소. 뿐만 아니라 당신이 요구하는 금과 구리도 드리겠소. 그러니 제발 화를 풀고 우리를 용서하시오."

오디세우스는 그를 쏘아보며 대답했다.

"에우리마코스, 내가 잃은 것을 모두 돌려받고 네가 가진 것의 두 배를 더 받는다 해도 너는 죽음을 면할 수 없어."

이 말에 에우리마코스의 얼굴은 창백하게 변했다.

에우리마코스는 구혼자들을 향해 소리쳤다.

"젊은이들이여, 그는 우리 모두를 죽이기 전까지는 절대로 끝내지 않을 것이오. 차라리 남자답게 싸웁시다. 칼을 들고 탁자를 방패로 하여 그를 여기서 쫓아 냅시다! 그런 다음 우리는 사람들을 모으러 가면 됩니다. 죽음을 맞는 것은 우리가 아니고 그일 것이오."

아무도 피하지 못하다

에우리마코스는 칼을 잡고 난폭하게 소리치며 앞으로

돌진했다. 그러나 그는 몇 발짝 가지 못했다. 오디세우스의 정확한 화살이 그의 가슴을 깊이 찔렀던 것이다. 구혼자 중 두 번째 서열이었던 에우리마코스의 마지막이었다.

암피노모스가 날카로운 칼을 쥐고 그의 뒤로 다가왔다. 그러나 마침 텔레마코스가 거기에 있었고, 암피노모스가 아버지를 찌르기 전에 먼저 창으로 그를 넘어뜨렸다.

텔레마코스가 오디세우스를 향해 소리쳤다.

"나는 2층에 가서 무기를 가지고 내려오겠어요. 에우마이오스와 필로이티오스도 무기가 필요해요."

그가 창과 방패, 투구를 가지러 간 동안, 오디세우스는 계속해서 하나도 빗나가지 않는 화살을 쏘았다. 그는 마지막 화살을 쏘자 활을 버리고 튼튼한 방패와 투구를 낚아채어 몸에 둘렀다. 그런 다음 양 손에 두 개의 창을 들고 구혼자들을 향해 무자비한 공격을 시작했다.

그런데 사악한 멜란테오스가 몰래 2층에 올라가 구혼자들을 위해 방패와 무기를 가지고 내려왔다. 오디세우스는 그들이 무기를 가진 것을 보고 가슴이 철렁 내려앉았다.

오디세우스가 소리쳤다.

"텔레마코스, 누가 이 무기들을 가지고 내려왔느냐? 노예 소녀냐, 아니면 멜란테오스냐?"

"아버지, 문을 열어 놓고 온 제 잘못이에요. 에우마이오스, 달려가 문을 잠그게!"

에우마이오스는 급히 2층으로 뛰어 올라갔다. 거기서 그는 멜란테오스가 더 많은 칼을 가지러 가는 것을 보았다. 그가 도움을 청하자 필로이티오스가 뛰어 올라왔다.

두 사람은 힘을 합쳐서 그를 잡아 천장 들보에 밧줄로 목을 매달았다.

그들은 다시 오디세우스와 합세했다. 이제 그들 네 명의 끓어오르는 피는 남아 있는 구혼자들을 파멸시키기 시작했다.

이제 살아 남은 숫자가 얼마 되지 않았지만 아겔라우스가 그들을 부추겼다. 그들은 창을 들고 오디세우스를 향해 일제히 달려들었다. 그러나 아테나는 그들의 창이 빗나가도록 하여 오디세우스를 지켜 주었다.

"이제 너희들 차례다!"

오디세우스가 소리침과 동시에 그들 네 명은 각각 창을 힘껏 던졌다. 네 개의 창은 정확하게 네 명의 구혼자에게 꽂혔다. 구혼자들도 다시 창을 던졌다. 그러나 두 번째 역시 빗나갔다.

이번에도 네 명의 동지는 창을 겨누어 각각 표적을 맞혔다. 필로이티오스는 환성을 지르며 기뻐했다. 그의 창이 정확히 크테시푸스를 찔렀던 것이다.

"이봐, 크테시푸스! 우리 주인에게 소 다리를 던진 대가다!"

 이제 살아 있는 구혼자는 하나도 없었다. 오디세우스는 텔레마코스에게 에우리클레이아를 부르러 보냈다. 그곳에 도착한 그녀는 죽어 있는 구혼자들 사이로 사자처럼 왔다 갔다 하는 왕을 보고는 너무 기뻐서 소리를 지를 뻔했다. 오디세우스는 그녀를 막으며 말했다.

 "유모, 감정을 자제하세요. 죽은 사람 앞에서 기뻐하는 것은 옳은 일이 아니오. 이 친구들을 비참하게 만든 건 그들의 운명이오. 바로 그 운명과 그들의 나쁜 행동 때문이지. 우리 집에 불명예를 가져온 노예 소녀들을 부르시오. 그들에게 시체를 치우게 하고 홀을 씻어 내고 의자들을 닦으라고 하시오. 나는 이곳이 빨리 깨끗해졌으면 좋겠소!"

 오디세우스의 궁전에서 일하는 쉰 명의 여자 노예 가운데 열두 명이 페넬로페와 늙은 노예들을 건방지게 대하며 구혼자들과 같이 행동했다.

 에우리클레이아는 그들을 모두 불러 왔다. 그들은 보호자나 마찬가지였던 구혼자들이 바닥에 죽은 채 누워 있는 것을 보고 비명을 지르며 머리카락을 쥐어뜯었다. 그들은 유모의 명령에 따랐다.

그들이 깨끗이 청소를 끝내자 텔레마코스는 노예들에게 벌을 내릴 때까지 다락에 가두라고 목동들에게 지시했다.

"이제 페넬로페에게 달려가 그녀를 깨워서 내려오게 하겠어요."

에우리클레이아가 오디세우스에게 말했다.

"아직은 아니오. 불과 유황을 먼저 가져오시오. 나는 내 집에 남아 있는 모든 나쁜 냄새들을 깨끗이 씻어 내기 바라오."

유모는 그의 말대로 순순히 불과 유황을 가져다 넓은 홀 안에 배어 있는 고약한 냄새를 몰아 냈다.

모든 일이 끝나자 충성스런 하인들이 불을 가지고 왔다. 그들은 기쁨의 눈물로 오디세우스의 머리와 어깨에 입맞춤하고 그의 손을 따뜻하게 만지면서 그를 반겼다. 오디세우스는 자신에 대한 그들의 사랑에 깊이 감동했다. 그러나 그는 눈물을 보이고 싶지 않았다.

기뻐하지 않는 페넬로페

에우리클레이아는 페넬로페에게 가서 그녀를 깨웠다.

"일어나요, 왕비 마마! 행복한 소식을 가져왔어요. 우리가 그렇게도 목메게 기다렸던 그가 왔어요. 오디세우스가 여기 왔어요."

그녀의 말에 왕비가 대답했다.

"사랑하는 유모, 신이 당신의 머리를 이상하게 만들었군! 왜 당신은 내가 고통스러워한다는 걸 알면서도 나를 놀리는 거예요? 남편이 떠난 뒤로 나는 한 번도 푹 자 본 적이 없었어요. 그런데 이제 당신까지 와서 나를 깨우는 거예요? 다른 노예가 나에게 이렇게 했다면 그녀가 눈물을 흘리더라도 쫓아 냈겠지만 당신에게는 그럴 수가 없군요."

"내가 꾸며 낸 게 아니에요. 나는 지금 왕비 마마에게 오디세우스가 왔다고 말하고 있는 거예요. 그가 오디세우스인지 누가 알았겠어요. 그는 거지 행세를 아주 잘했어요. 텔레마코스는 미리 알고 있었지만, 구혼자들이 저지른 대가를 다 치를 때까지 비밀로 숨겼던 거예요."

페넬로페는 침대에서 뛰어내리며 소리쳤다.

"사실이에요, 유모? 어떻게 그렇게 많은 수와 싸울 수 있었어요? 믿을 수가 없어요!"

"나도 그가 어떻게 했는지는 몰라요. 싸움이 계속될 동안 외침과 신음 소리를 들었지만 보지는 못했어요. 우리 모두 그 소리를 들었지만, 싸움이 모두 끝나고 텔레마코스를 나에게 보낼 때까지 우리는 막힌 문 뒤에 있었어요.

그러고 나서 나는 믿을 수 없는 광경을 보았어요. 아, 내가 본 것처럼 당신이 그를 보았다면 자랑스러움과 기쁨으로 가슴이 부풀어올랐을 거예요. 그의 발 밑에는 구혼자들의 시체가 놓여 있고 모든 것은 피로 물들여져 있었어요. 그는 사자처럼 거기에 서 있었어요. 그러나 지금은 모든 것을 깨끗이 씻어 내고 모두 예전처럼 제 자리로 돌아갔어요. 그러니 어서 뛰어가서 그를 반기세요. 그리고 그렇게 오랫동안 고통과 절망을 겪은 뒤에 찾은 가장 행복한 시간을 즐기세요."

"아, 유모. 나는 아직도 믿을 수가 없어요. 어떤 신이 오디세우스를 위해, 사람을 속이고 정의롭지 못한 구혼자들을 죽인 게 틀림없어요. 오디세우스, 맙소사, 오디세우스는 먼 나라에서 죽었어요."

"착하고 고귀한 분이여, 당신 남편이 여기에 와 있다고 말하는 이 순간에 어떻게 그런 말을 할 수 있어요? 그렇게 믿기 힘들어요? 그러면 내 말을 들어 봐요. 내가 그의 발을 씻길 때 나는 그를 알아보았어요. 나의 손가락이 그의 허벅지에 있는 흉터를 느꼈기 때문이지요. 나는 기뻐서 크게 소리를 지르려고 했어요. 그러나 그때 그는 손으로 내 입을 막았어요."

"사랑하는 에우리클레이아, 신들은 인간이 알지 못하는 그들만의 신비한 힘으로 일을 하기 때문에, 단순한 인간은 그들의 일을 이해하기 어렵게 만들지요. 어쨌든 텔레마코스에게 내려갑시다. 내가 죽은 사람들을 보면, 그들의 목숨을 빼앗은 것이 신인지 혹은 인간인지 알게 될 테니까."

페넬로페는 불안과 의심으로 혼란스러워하며 계단 쪽으로 걸어갔다. 그녀는 계단을 내려가서 넓은 방 안을 가로질러 걷다가 오디세우스 앞에서 멈추었다. 그는 사랑하는 아내가 말을 꺼내기를 기다리며 고개를 숙이고 앉아 있었다.

페넬로페는 아직 조용히 서 있었다. 그녀의 마음은 그의 품속으로 뛰어가고 싶은 충동과, 그가 너무 많이 변했기 때문에 그가 정말 오디세우스일까 하는 의심으로 나누어졌다.

텔레마코스는 화를 참을 수 없어서 크게 소리쳤다.

"어머니, 어머니는 돌 같은 마음을 가진 분인가요? 온갖 시련을 겪고 나타난 남편 앞에서 어떻게 그렇게 차갑게 서 있을 수가 있어요? 20년의 위험과 고난을 이겨 내고 이제 그는 드디어 집에 왔어요!"

페넬로페는 더듬거리면서 말했다.

"나의 아들아, 나는 너무 혼란스러워서 그의 얼굴조차 바라볼 수가 없구나. 그러나 만약 그가 진짜 오디세우스라면 금방 알아볼 수 있을 거다. 우리 둘만이 갖고 있는 비밀이 있으니까."

이 말에 오디세우스는 미소를 지으며 말했다.

"텔레마코스, 어머니가 나를 살펴보도록 그냥 내버려

두어라. 잠시 뒤면 알아볼 거다. 게다가 지금 나는 더럽고 낡은 누더기를 걸치고 있잖니? 그녀가 확신하지 못하는 것은 그리 놀랄 만한 일이 아니다. 그러니 그녀를 내버려 두어라. 그리고 내가 말을 잘 들어라. 우리는 이 땅의 귀족 중에서 반 이상이나 되는 집안의 아들을 죽였다. 그들이 이것을 알게 되면 복수하러 올 것이다. 그러면 우리는 더 치열한 전쟁을 겪어야 할 것이다.

오늘 있었던 일이 최대한 천천히 밖으로 새어 나가도록 해야 한다. 그러니 너희들 모두 가장 좋은 옷을 입고, 노예 소녀들은 장신구로 장식하고 머리에 꽃을 꽂게 해라. 그리고 음유 시인에게 밖에서 들을 수 있도록 큰 소리로 즐거운 노래를 부르게 해라. 그렇게 하면 사람들 모두 우리가 축하 잔치라도 하고 있다고 생각할 것이다. 그래야 우리가 다음 일을 준비할 시간을 가질 수 있다."

그들은 모두 목욕을 하고 축제에 어울리는 옷을 입었다. 그러고 나서 춤을 추고 노래를 크게 불렀다. 그러자 정말로 궁전 벽을 넘어 안에서 결혼을 축하하고 있다는 소문이 퍼졌다. 왕비가 드디어 구혼자 하나를 선택해 결혼하는 거라고 믿었다. 아무도 오디세우스가 돌아와 구혼자들을 모두 죽였다고 의심하지 않았다.

그동안 오디세우스는 목욕을 하고 몸에 기름을 바르고 멋진 속옷을 입었다. 늘 그랬듯이 아테나가 그를 지켜보고 있었다. 그녀는 그의 근육에 신의 우아함을 불어넣어 전보다 더 강하고 멋있게 만들었다. 오디세우스는 그렇게 변한 모습으로 돌아와 아내 앞에 앉으면서 말했다.

"눈먼 바보! 당신은 내가 아는 한 가장 모진 마음을 가진 여자요. 20년이나 보지 못한 남편이 돌아왔는데도 이렇게 자신의 남편을 멀리하는 사람이 또 어디 있겠소? 유모, 어디에든 내가 잘 수 있도록 이불을 깔아 주세요. 그녀가 혼자 있는 것을 더 좋아하는 것 같소."

그러자 페넬로페가 대답했다.

"낯선 분이여, 나는 당신이 생각하는 것처럼 냉정하거나 오만하지 않아요. 당신이 전쟁터로 떠날 때의 모습이 어땠는지 기억해 보려 하지만, 아직 당신을 알아볼 수 없을 뿐이에요. 에우리클레이아, 만약 그가 자고 싶어하면 밖에 있는 침대를 준비해 주세요. 그것은 그가 직접 만든 것이에요. 매트리스 위에 수놓은 시트를 깔고 양털 이불을 펴 주세요."

 이 말은 그녀가 그를 남편으로 대하기 위해 충분히 노력하고 있다는 증거였고, 그 말은 그녀가 원하는 결과를 가져왔다.

마침내 오디세우스를 알아본 페넬로페

 오디세우스가 대답했다.

 "여보, 당신 말에 난 상처를 받은 것 같소. 어떻게 우리 침대가 방 밖에 있게 되었단 말이오? 누가 그것을 밖으로 옮길 수 있었지요? 내가 만든 침대는 신도 도저히 옮길 수 없었을 텐데. 혹시 당신이 말한 비밀이란 게 그것이오?

 그렇다면 말해 주겠소. 안마당에는 마디가 크고 굵은 줄기를 가진 올리브 나무가 자라고 있었소. 나는 그 주변에 끌로 판 돌로 네 벽을 세워 훌륭한 문과 튼튼한 지붕을 가진 방을 만들었소. 그런 다음 꼭대기와 주변이 수평을 이룰 때까지 무성한 나뭇가지를 잘라 내고 뿌리 깊은 줄기를 다듬어서 침대를 만들었소.

마지막으로 조각된 다리를 붙이고 금과 은으로 장식을 마쳤소. 그것이 내가 그 침대를 만든 방법이며, 당신이 나를 확신하는 데 필요한 모든 증거요. 그러나 사람의 힘으로 그 침대를 뿌리째 뽑을 수 있다는 것을 알게 된 이상, 어떻게 믿을 수 있겠소?"

페넬로페는 오디세우스의 말을 듣고는 너무 기뻤다. 그리고 눈물을 흘리며 그에게 달려들어 하얀 팔을 그의 목에 감았다. 페넬로페는 오디세우스를 단단히 껴안고는 그의 얼굴에 입맞춤을 퍼부었다.

"여보, 나에게 화내지 마세요."

그녀는 용서를 빌었다.

"신들이 언제나 우리 사랑을 질투해서 우리에게 너무나 많은 실망을 안겨 주었기에, 나는 당신을 처음 보았을 때 기쁨을 보이기가 두려웠어요. 사랑하는 당신, 나는 아직도 이게 거짓말이 아닐까 하는 생각에 가슴이 떨려요. 내가 나쁘게 되기를 원하는 사람이 너무 많기 때문이에요. 그러나 당신은 우리 둘만이 알고 있는 비밀을 내게 말했어요. 우리와 문을 지키는 충성스러운 하인 악토리스만 알고 있는 비밀이지요. 당신이 나에게 확인시켜 주어서 내 마음이 부드러워졌어요."

페넬로페는 계속 오디세우스의 목에 매달려 있었다. 그 또한 말로 표현할 수 없는 기쁨에 함께 울면서 그녀를 단단히 껴안았다.

아테나가 그들을 동정하여 밤을 연장시키지 않았다면 그들은 새벽까지 울고 있었을 것이다.

오디세우스가 말했다.

"그래요, 내 사랑. 나는 돌아왔소. 우리 둘에게는 너무나 길고 슬픈 기다림이었지만. 그러나 우리의 고통은 아직 끝나지 않았소. 테이레시아스의 혼령이 내게 말했듯이 아직 남은 게 더 있소. 그러나 너무 걱정하지는 마시오. 자, 어서 우리 침대로 가서 길고 달콤한 잠을 즐깁시다."

"침대는 준비되어 있어요, 여보. 그렇지만 우선 예언자 테이레시아스가 당신에게 말한 고난이 무엇인지 말해 주세요."

그러자 오디세우스가 대답했다.

"왜 그런 것들로 당신 머리를 고통스럽게 하려고 하오?

그러나 당신이 물었으니 대답해 주겠소. 그가 한 말은 바로 이렇소. 나는 먼 나라를 여행해야 한다고 했소. 그것은

포세이돈이 원하기 때문이며 나의 대한 분노가 아직 사라지지 않았기 때문이라고 하오. 나는 어깨에 노를 메야만 하고 바다를 본 적이 없고, 소금에 절인 고기를 맛본 적도 없고, 배에 대해서도 알지 못하며, 그들에게 날개를 달아주는 노조차 알지 못하는 민족을 만날 때까지 여행해야만 한다고 했소.

그러나 내가 방랑이 끝났다는 것을 알게 되는 확실한 신호를 듣게 되면, 즉 어떤 사람이 길에서 나를 세우고 왜 노를 메고 가냐고 물었을 때, 나는 노를 땅에 거꾸로 꽂고 포세이돈에게 양과 수소, 수퇘지를 제물로 바쳐야 한다고 했소. 그 이후에 나는 집으로 돌아와서 제우스를 비롯한 모든 신에게 많은 제물을 바쳐야 하오. 그러면 나의 고통은 끝날 것이고, 나는 내 왕국에서 백성들의 사랑을 받으며 행복하게 다스리게 될 것이오. 그리고 늙었을 때 나는 바다에서 죽음을 맞게 될 것이오. 그것은 그 예언자가 예언한 나의 가장 아름다운 최후요."

그의 이야기에 페넬로페가 덧붙였다.

"여행 중 어떠한 고난을 겪더라도 인생의 마지막 시기

를 조용히 끝내는 사람은 진정 행복한 사람입니다."

긴 밤이 새도록 그들의 이야기는 그칠 줄을 몰랐다. 페넬로페는 오디세우스가 돌아오기를 기다리며 보낸 비참하고 걱정스러운 날들에 대해 이야기했다. 오디세우스는 머리카락이 쭈뼛 설 정도로 아찔했던 모험과 지루하고 긴 항해의 경험을 이야기했다.

늙은 라에르테스와의 재회

다음 날 아침, 오디세우스와 텔레마코스를 비롯한 두 목동은 산허리에 있는 라에르테스의 집을 향해 떠났다.

오디세우스는 늙은 아버지를 보기 위해 빨리 산으로 올라갔다. 그러나 그가 그곳에 올라가는 또 다른 이유가 있었다. 머지않아 궁전에서 일어난 일이 발각될 것이고, 구혼자들의 가족과 백성들이 일어날 것임을 알고 있었다.

그는 높은 곳에서 더 잘 싸울 수 있고, 거기서 그를 도와주는 사람을 구할 수도 있었다. 라에르테스의 집은 수수한 농부의 오두막이었다. 누구보다도 불행한 그는 거기서 어렵게 살아가고 있었다. 그는 직접 들판에서 일했으며,

시칠리아에서 온 늙은 할머니만이 그를 돌보고 있었다. 그들과 함께 충성스러운 노예인 늙은 돌리오스가 여섯 명의 아들과 함께 살고 있었다.

그들은 모두 라에르테스의 농장 일을 도왔다. 그들의 동료들은 그가 아들을 잃어버린 슬픔과 구혼자들의 극성 때문에 느끼는 고통을 덜어 주기 위해 그를 도왔다.

그곳에 도착했을 때 그들은 오두막에 늙은 여자가 혼자 있는 것을 보았다. 오디세우스는 텔레마코스를 남겨 두고 혼자 아버지를 찾으러 갔다. 두 목동은 점심 식사를 준비했다. 오디세우스는 잘 가꾸어진 정원에서 괭이로 어린 나무 주변을 손질하는 아버지를 만났다.

라에르테스는 바느질이 엉성하고 지저분한 옷을 입고 있었다. 정강이는 가시덤불로부터 보호하기 위해 쇠가죽 각반으로 싸여 있었으며, 머리에는 염소 가죽 모자를 쓰고 있었다.

오디세우스는 아버지를 보자 가슴이 내려앉는 것만 같았다. 그의 눈에서 눈물이 하염없이 흘러내렸다. 그는 한시라도 빨리 달려가 허리 굽은 늙은 아버지를 두 팔로 껴안고 싶었다. 그러나 그는 아버지가 자기를 먼저 알아보는 기쁨을 주고 싶었다.

"노인장, 나는 여기서 당신의 잘 가꾸어진 정원을 보고 있소. 나무 주변에는 잡초도 없고 나무들이 잘 자라고 있군요. 그러나 만약 당신이 나의 주제넘는 참견을 용서한다면 내가 한 마디 해도 되겠소? 당신은 많이 늙었는데도 돌보는 이가 없는 것 같아 보입니다. 당신 옷은 거칠고 흙투성이이다, 얼굴은 온통 고통으로 얼룩져 있군요. 그러나 가까이에서 보니 당신의 모습에는 귀족적인 품위가 엿보이는군요. 아마도 당신의 영주는 당신을 돌보는 것을 게을리하는 것 같군요. 당신은 일을 잘할 것이고, 당신을 돌보든 돌보지 않든 충성스러운 것을 알고 있기 때문이겠지요.

이 섬을 '이타케'라고 부른다지요? 내가 여기 올라올 때 어떤 사람에게 물어보았거든요. 당신도 알고 있는 사람이겠지만, 나는 언젠가 꽤 훌륭한 사람을 대접한 적이 있어요. 나는 그와 같은 사람을 한 번도 만난 적이 없었어요. 그는 나에게 자신은 이타케에서 왔고 라에르테스의 아들이라고 말했어요. 그가 내 집을 떠날 때 나는 그에게 값진 선물과 신에게 술을 바칠 금잔을 주었어요. 그것은 몇 년 전의 일이었지만 여기가 이타케 섬이 맞다면 오랜 친분이 있는 그를 만날 수 있어 기쁠 것이오. 그가 안전하게 집에 돌아왔다면 말이오. 다시 말해서 그가 아직 살아 있고 부유하다면 말이오."

그가 이야기를 마치자 라에르테스의 뺨에는 눈물이 흘러내렸다. 그가 대답했다.

"낯선 이여, 여기는 당신이 물었던 그곳이 맞소. 그러나 지금은 욕심 많고 간사한 사람들이 여기를 지배하고 있소. 당신이 그 친구에게 준 선물은 그와 함께 없어졌소. 만약에 그가 여기 있다면 그의 집에서 잘 지낼 수 있었을 거요. 그리고 당신에 대한 보답으로 그는 아름다운 선물을 당신에게 주었을 것이오.

그러나 그는 어머니가 그를 낳은 곳도 아닌, 불행한 아버지가 그를 위해 울어 줄 수 있는 곳도 아닌, 정숙한 아내가 눈을 감는 곳도 아닌 어떤 먼 땅에서 죽었소. 땅에 묻히지도 못한 채 말이오. 어쩌면 그것이 죽은 자에게 어울릴

지도 모르지요."

이 말과 함께 라에르테스는 깊은 한숨을 내쉬었다.

오디세우스는 아버지의 슬픔을 보며 가슴이 찢어질 것만 같았다. 그는 라에르테스에게 팔을 두르고 입맞추며 소리쳤다.

"아버지, 당신이 그렇게 보고 싶어하던 아들이에요! 무섭도록 긴 20년의 날들이 지났고 이제 많은 것이 변했습니다. 나는 궁전에 앉아 있던 수많은 구혼자들을 죽였습니다."

그것은 늙은 라에르테스가 원했던 것보다 훨씬 더 반가운 소리였다. 그는 다시 말했다.

"당신이 내 아들이라면, 내가 아는 어떤 표시를 보여줘요."

그러자 오디세우스가 말했다.

"자, 보세요. 파르나소스에서 야생 돼지에게 물렸던 상처입니다. 그리고 아버지께서 나에게 준 나무는 열두 그루의 배나무와 무화과나무를 합쳐 모두 마흔 그루지요. 그리고 나서 열두 그루의 사과나무와 다양한 종류의 포도가 있는 쉰 그루의 포도나무가 모두 제 것이라고 말했어요."

라에르테스는 너무 기쁜 나머지 다리가 떨려서 제대로 서 있을 수가 없었다. 오디세우스는 비틀거리는 그의 몸을 잡고 사랑이 가득한 마음으로 아버지를 가슴에 안았다. 그러고는 텔레마코스가 식사를 준비하며 기다리고 있는 오두막으로 그를 데려갔다.

그들이 오두막에 도착했을 때, 마침 돌리오스가 아들들을 데리고 그곳에 왔다. 오디세우스를 알아본 돌리오스는 눈물을 흘리며 그에게 와락 달려들었다. 그리고 그들은 모두 탁자에 둘러앉았다.

그동안 구혼자들의 죽음이 도시에 알려졌다. 그들의 가족은 모두 광장에 모여 울었으며 곧 백성들을 모았다. 그때 안티노오스의 아버지 에우페이테스가 일어나 큰 소리로 말했다.

"이타케의 백성들이여! 오디세우스는 우리 땅을 파멸시키는 사람입니다. 그는 우리 전사들을 모두 데리고 나갔으며, 그 한 사람 때문에 모두를 잃었습니다. 그가 이끌고 나간 배 중에서 한 척도 돌아오지 않았습니다. 돌아온 사람은 그 혼자입니다. 돌아오지 말았어야 했는데!

그는 돌아와서 우리에게 더 큰 피해를 끼쳤습니다. 그는 이타케와 가까운 섬에 있는 모든 귀족 집안의 아들들을 죽였습니다! 우리가 무엇을 해야 하는지는 의심할 여지가 없습니다. 그가 필로스나 엘리스로 도망치기 전에 우리가 먼저 그를 습격해야 합니다. 나는 우리의 아들들을 죽인 살인자가 우리의 손아귀를 빠져 나가게 하느니 차라리 죽음을 택하겠습니다."

백성들은 모두 그의 이야기에 동감했다. 그런데 그때 예언자인 알리테레스가 일어나 말했다.

"들으시오, 형제들! 그들에게 닥친 일에 대해 부끄러워 해야 할 사람은 오히려 구혼자 자신들입니다. 그들의 아버지는 더욱더 그렇습니다. 멘토르와 내가 그들의 가족에게 아들들의 행동을 멈추게 하라고 충고했습니다.

그들의 아들들이 오디세우스의 재산을 축내고, 또 그의 아내에게 불명예스럽게 접근하도록 내버려 두지 말라고 충고했습니다. 그러나 그들이 우리 말을 들었습니까? 아닙니다. 그들은 오디세우스가 돌아오지 않을 거라고 믿었습니다. 그러고는 그전보다 더 거칠게 행동했습니다. 그들은 스스로 무덤을 판 것입니다. 내 말을 들으세요. 집으로 돌아가 당신들이 해야 할 일을 하세요!"

사람들은 모두 알리테레스의 말에 귀를 기울였다.

그러나 많은 사람이 안티노오스 아버지 편에 서서 무기를 잡았다. 에우페이데스를 선두로 하여 그들은 오디세우스를 찾으러 떠났다. 그들은 그가 라에르테스의 농장으로 올라갔다는 소문을 듣고 그곳으로 향했다.

그때 라에르테스의 오두막에서 사람들은 막 식사를 끝냈다. 오디세우스는 그 중 한 사람을 밖으로 내보내 주변을 살피라고 했다. 적이 오는 경우에 대비하기 위해서였다.

돌리오스의 아들 중 하나가 산허리를 올라오는 그들을 발견했다. 그가 오디세우스에게 신호를 보내자, 그들은 무기를 들고 밖으로 달려나갔다. 오디세우스 일행은 돌리오스의 아들 여섯 명과 힘을 모아 싸우기로 했다. 그러자 돌리오스와 라에르테스까지도 싸움에 참여하고 싶어했다.

 아테나는 오디세우스 일행을 돕지 않았다. 단지 그들이 스스로 막는 것을 지켜보면서 그들 곁을 떠나지 않았다. 적들이 다가오자 그녀는 라에르테스의 영혼에게 속삭였다.

 "나이 든 친구, 소원을 빌고 창을 먼저 던지게."

 라에르테스는 늙은 몸에 남아 있는 모든 힘을 다해 팔을 들었다. 그러자 갑자기 여신의 힘이 그에게 더해졌다. 그가 던진 창은 에우페이테스의 투구 가리개를 뚫고 그를 쓰러뜨렸다. 오디세우스와 텔레마코스는 마치 성난 폭풍우처럼 적에게 달려들어 그들을 파멸의 길로 몰아넣었다.

 승리는 다시 오디세우스 것이었다. 만약 제우스와 아테나가 막지 않았다면 그는 그들을 모두 죽였을 것이다. 신들은 더 이상의 피를 흘리는 싸움을 피하고 싶어했다.

 제우스는 천둥을 내려 싸움을 끝냈다. 곧 아테나가 멘토르의 모습으로 그들 사이에 나타나시 휴전을 선포했다. 이것이 여신의 말이라는 것을 안 오디세우스는, 이제 모두 평화롭게 살게 될 시간이 왔다고 생각하며 기뻐했다.

정재승이 추천하는
뇌과학으로 신화 읽기 《그리스·로마 신화》

제1권 키워드 권력
　제우스 헤라 아프로디테

제2권 키워드 창의성
　아폴론 헤르메스 데메테르 아르테미스

제3권 키워드 갈등
　헤파이스토스 아테나 포세이돈 헤스티아

제4권 키워드 호기심
　인간의 다섯 시대　프로메테우스　대홍수

제5권 키워드 놀이
　디오니소스 오르페우스 에우리디케

제6권 키워드 탐험
　다이달로스 이카로스 탄탈로스 에우로페

제7권 키워드 성장
　헤라클레스

제8권 키워드 미궁
　페르세우스 페가소스 테세우스 펠레우스

제9권 키워드 용기
　이아손 아르고스 코르키스 황금 양털

제10권 키워드 반전
　전쟁 일리아드 호메로스 트로이

제11권 키워드 우정
　오디세우스

제12권 키워드 독립
　오이디푸스 안티고네 에피고오니